용마루

한국현대수필 100년 사파이어문고 26

권순이 수필집
용마루

인쇄 | 2025년 5월 20일
발행 | 2025년 5월 23일

글쓴이 | 권순이
펴낸이 | 장호병
펴낸곳 | 북랜드
　　　　04556 서울 중구 퇴계로41가길 11-6, JHS빌딩 501호
　　　　41965 대구 중구 명륜로12길 64(남산동)
　　　　대표전화 (02)732-4574, (053)252-9114
　　　　팩시밀리 (02)734-4574, (053)252-9334
　　　　등록일 | 1999년 11월 11일
　　　　등록번호 | 제13-615호
　　　　홈페이지 | www.bookland.co.kr
　　　　이-메일 | bookland@hanmail.net

책임편집 | 김인옥
기　　획 | 전은경
교　　열 | 서정랑

ⓒ 권순이, 2025, Printed in Korea
＊저자와 협의하여 인지를 생략합니다.

ISBN 979-11-7155-118-7 03810
ISBN 979-11-7155-119-4 05810 (E-book)

값 13,000원

한국현대수필 100년
사파이어문고 ㉖

용 마 루

권순이 수필집

북 랜 드

| 작가의 말 |

함께 걸어온 길

임자, 세월은 참 빠르기도 하지요. 30년 가까이 완전히 다른 환경에서 자란 우리가 부부의 연을 맺고 함께한 시간이 50여 년을 훌쩍 넘겼네요. 사연 없는 집 없다지만 우리라고 별다를 리 있겠어요. 지금 와서 생각해 보면 결혼 5년 차까지가 힘들었던 것 같아요. 선이라는 걸 보고 두 달 만에 혼인했으니, 상대를 몰라도 너무 모를 수밖에 없었지요. 바뀐 환경에 서툴다 보니 시행착오가 오죽 많았을까요.

'여보, 당신'이라는 말 한마디 해보지 못한 채 반세기가 지나갔네요. '사랑한다.' '미안하다.'는 말 한 번도 한 적이 없지요. 서울 태생이지만 경상도에서 자라 '경상도 사나이'가 다 되었나 봐요.

"그런 말을 누가 입 밖으로 내."

참 대단해요. 감으로 촉으로 속마음을 읽으라니. 아니 괜한 투정입니다. 오글거리는 낯간지러운 말, 소화할 뻔뻔함이 내게도 없는걸요. 그러다 어느덧 환·진갑을 다 넘기게 되자 누가 먼저랄 것도 없이 자연스럽게 '임자'라는 말이 툭 튀어나오게 되었지요. 서로의 '임자'가 되어 그 누구도 뺏어 가지 못하게 굵은 못을 박아 '네 것' '내 것'으로 굳혀 빼도 박도 못하게 했지요.

오늘의 이 안락함은 모두 임자 덕입니다. 헛걸음하지 않고 가정에 충실했던 덕에 세 아이 다 잘 키울 수 있었고 사회에 나가서도 제 밥벌이할 수 있게 되었어요. 언제나 부모는 자식의 거울이라 했지요. 그 어깨의 무게를 애들도 잘 알고 있었던 것 같아요. 그러니 우리 신경 쓰지 않게 하려고 서로 다독이며 잘 살고 있잖아요. 모진 구석이라고는 한 군데도 없어 안타까울 때도 한두 번이 아니었지요. 하지만 임자나 나나 독한 데라고는 없으니, 누구를 닮겠어요.

아들이 고등학교를 졸업한 때였어요. 녀석의 머리카락이 너무 길다고 목욕탕에 데리고 들어가 잘라 준 적이 있지요.

"엄마가 말려줄 줄 알았어요."

녀석의 원망 섞인 말에 나는 한술 더 떴지요.

"나도 긴 머리 보기 싫다."

사실은 머리카락을 자르고 있는 줄도 몰랐지만, 임자가 하는 일을 막을 수는 더더욱 없는 일이지요. 머리를 디밀고 그 순간을 견뎌야 했을 녀석을 생각하면 안됐기도 했습니다만, 덩치나 힘으로 충분히 저항할 만도 했었는데 참아준 녀석이 고마웠답니다.

한편으로는 저렇게 약해 빠져서 이 각박한 사회에 어떻게 적응하려나 염려도 되었었지요. 그러나 돌이켜 생각해 보면 착한 녀석들이어서 얼마나 다행이고 복인지 이제야 알게 되네요. 사춘기를 언제 어떻게 지났는지도 모르게 훌쩍 자라서는 어느새 50을 훌쩍 넘겼습니다. 머리카락이 희끗희끗한 중년이 되어 각자 가정 잘 꾸리고 있으니 얼마나 고마운지 모르겠습니다.

 다 늘그막에 두벌자식 키운다고 10여 년을 주말 부부로 살아야 했지요. 그때도 별 불평 없이 따라 줘서 고마워요. 주말 집에 오면 청소기 돌려 발밑에 밟히는 것 없이 깨끗이 치우고, 싱크대에 그릇 하나 담가 놓는 일 없이 설거지까지 말끔히 해 놓았었지요. 지금도 끼니 걱정으로 집 비우는 일에 신경 쓰지 않게 해 줘 정말 고마워요.

 어떻게 다 좋고 맞을 수 있겠어요. 맞춰가며 양보하며 살아야겠지요. 특히 임자에게 나는 재주라고는 눈곱만치도 없고 솜씨도 없으니, 성에 안 차는 부분이 숱하겠지요. 하지만 어쩌겠어요. 그렇게 타고났는걸. 서로의 허물은 덮어주고 부족한 면은 채워주면서 남은 세월 하늘이 갈라놓을 때까지 함께 갑시다.

2025년 5월

차 례

4 • 작가의 말-함께 걸어온 길

12 • 회전시사會奠時祀
18 • 둥지
22 • 노적가리
26 • 용마루
31 • 소갈머리
35 • 그땐 그랬지
40 • 시루
44 • 바탕
49 • 부부
53 • 비녀
58 • 산
62 • 신
67 • 아궁이
73 • 손끝에 혼을 담다
77 • 어머니 떠나시던 날
82 • 편지
87 • 그레발
91 • 광목 홑청
95 • 섶다리
99 • 베틀
103 • 갱坑

줄기

- 110 • 울력
- 113 • 보리수
- 117 • 기둥
- 121 • 아름다운 이 세상, 소풍 끝나는 날
- 125 • 독한 놈
- 129 • 디딤돌
- 134 • 곤봉
- 137 • 기찻길
- 141 • 도장
- 145 • 디딜방아
- 149 • 상주 동학교당
- 154 • 세월아 나 좀 봐줘
- 158 • 운전석 옆자리에 아들 태운 날
- 162 • 카키색 제복의 구세주
- 166 • 파놉티콘
- 171 • 하피첩
- 177 • 한라산 만세동산이 무성한 까닭
- 184 • 어명이오
- 188 • 꽃자리
- 191 • 절규
- 197 • 굿과 인연

잎

- 204 • 선물
- 208 • 선명한 치아 흔적
- 212 • 서툰 어미
- 216 • 거품
- 221 • 운빨
- 226 • 타향살이
- 230 • 아픈 손가락 1
- 235 • 아픈 손가락 2
- 238 • 아픈 손가락 3

수상작

- 244 • 사양정사泗陽精舍
- 249 • 충효의 고장 영천
- 260 • 학생 선생님

| 발문 |

- 267 • 진선미를 담아낸 수필집 • 장호병 (사)한국문인협회 부이사장

뿌리

회전시사
둥지
노적가리
용마루
소갈머리
그땐 그랬지
시루
바탕
부부
비녀
산
신
아궁이
손끝에 혼을 담다
어머니 떠나시던 날
편지
그레발
광목 홑청
섶다리
베틀
갱

회전시사 會奠時祀*

　　며칠 전이다. 대구 간송미술관 개관기념 '여세동보與世同寶 -세상 함께 보배 삼아' 국보, 보물전에 오빠들을 모시고 다녀왔다. 어디를 가나 따라다니고 시키는 대로 하기만 하면 되었다. 그런데 이제는 내가 앞장서 안내하는 처지가 되었다. 세월의 무게에 눌려 점점 노쇠하여 가는 손위 살붙이들의 걸음걸이가 애잖다.

　　'훈민정음해례본' 앞에 섰다. 사방은 어둠으로 채워졌고 본 진열품 앞만 조금 밝게 해두었다. 빛과 열에 의한 작품의 손상을 막기 위함인 듯했다. 숙연하고 경건한 마음으로 오빠들과 함께 진품 앞에 섰다. 백성을 어둠에서 건져 올리신 애민 군주 덕에 우리나라는 거의 문맹률 제로다. 이 빛나는 창제 원리를 해설한 책을 지켜낸 간송 전형필이 있어 세상 그 누구도 우리글을 폄하

하지 못한다.

한 바퀴 돌아 나왔다.

"여기 좀 앉아서 쉬자꾸나."

큰오빠가 먼저 의자에 앉으신다. 며칠 후면 '회전시사'에 다녀와야 한다. 그런데 영 자신이 없으신 듯하다.

"올해는 아무래도 못 갈 것 같다. 안실安室이가 같이 가면 좋겠구나. 친정이나 외가, 처가 어느 곳이라도 이런 행사에는 많은 사람이 모이는 게 좋으니라."

몇 년 전만 해도 '안동권씨 중윤공파 돈목회' 회장을 역임하시면서 『예안 안동권씨 중윤공파 묘갈명禮安 安東權氏 中允公派 墓碣銘』 책자를 발행하기도 했었다. 그러셨던 오빠였는데, 무심한 세월은 그 책임감과 기개마저 꺾어버리려나 보다.

큰오빠가 책 한 권을 내놓으신다. 농암 이현보 선생의 17대 종손 이성원 선생이 쓴 『천년의 선비를 찾아서』다. 선생은 글머리에 '21세기에 유가儒家적 전통을 지키며 산다는 것' 이렇게 쓰셨다. "퇴계를 비롯해 나를 감동시킨 옛 선비들의 지혜를 많은 사람들과 공유하고 싶어서 이 책을 쓰게 되었다."고 피력하셨다. 그렇다. 안동은 선비의 고향이고 그 향기는 아직도 이 나라 유교문화를 대표하고 있다.

"세 번쯤 정독하거라. 그러면 안동의 선비문화에 대하여 웬만한 것은 다 터득하게 될 것이다."

무엇 하나라도 더 고향에 대해 심어주고 싶어 하는 오빠 마음이 엿보인다.

안동권씨 중윤공파 돈목회 '회전시사' 날이다. 11월 10일, 날씨는 청명했다. 하지만 누운 풀섶을 스치는 스산한 바람 끝은 여름 동안 풀어 헤쳤던 옷깃만이 아니라 마음마저 다잡게 했다. 작은오빠와 하루 전에 안동으로 향했다. 서울에서 사촌도 왔다. 늘 형제가 함께했던 자리에 이번에는 큰오빠는 같이 가지 못하시고 그 빈자리를 내가 메꿨다. 출가외인이라고, '나'하고는 상관없는 일인 양 그냥 무심하게 살아왔다. 황혼에 접어든 지금에 와서야 문중 일에 처음으로 참례하게 되었다.

입향조 수천정萩泉亭 권겸權謙 선조 묘소 앞에 섰다. 산과 들과 강이 조화를 이루고 예禮가 깃든 곳답게 산세가 수려하다. 집성촌으로 자작일촌을 이루고 살았다. 하지만 수 세기 전 이곳을 휩쓴 수해로 삶의 터전을 버릴 수밖에 없었다. 겨우 목숨만 건사한 채 더 깊은 골로 이거하셨다. 지금은 혼백 깃든 산소만이 옛 영화를 기리며 묵묵히 그 자리를 지키고 있다.

단종端宗이 노산군魯山君으로 강등되었다. 그러자 참판공參判公 권겸權謙 할아버지께서는 벼슬길에 나가지 않고 하향下鄕하여 이곳 예안에 자리를 잡으셨다. 어린 군주에게 힘이 되지 못하는 신하는 항상 머리를 북쪽인 영월로 향하고 선왕을 기렸다. 칼끝에 새겼던 애끓이던 마음은 진토 되어 흙으로 녹아들었을 뿐 말이 없다. 500여 년을 견뎌온 흔적이 처연하다. 잔디는 뿌리를 제대로 내리지 못하고 묘봉은 많이 허물어졌다. 여러 번의 가토가 있었겠지만 지금도 후손의 손길이 많이 필요해 보였다.

서리가 서걱거리는 이른 시각이다. 서울, 대구, 구미, 순흥 등지에서 여러 친족이 이번 '회전시사'에 참례했다. 몇몇 제관들은 두루마기에 도포를 입으시고 유건儒巾까지 갖추셨다. 그 어른 중에 유독 눈에 띄는 한 분이 계셨다. 이성원 선생께서 귀한 걸음을 하셨다. 500여 년이 훨씬 지난 외가의 시사에 참배하러 오신 것이다. 예부터 유림의 양반들은 남의 가문 향사享祀도 잘 챙겼다. 안목 높고 범절 있었던 선비문화가 오늘날에까지 이어지고 있음에 놀라웠다. 이렇게 경하스러울 데가 어디에 또 있으랴.

참판공 권겸權謙 할아버지의 두 따님은 영천이씨 문중에 숙질 관계로 출가하게 된다. 두 분 중 아랫대가 농암 선생을 출생한다. 그 연을 잊지 않으시고 찾아주시니 고맙기 한량이 없다. 예禮를 갖춰 밤색 두루마기를 입으신 초로의 은발銀髮 신사는 양반의 면모를 더욱 돋보이게 했다. 가양주家釀酒인 '일엽편주一葉扁舟'라는 술을 가져오셔서 외가 조상들에게 잔을 올리셨다. 이어 제월당 권운, 권속 선조 산소까지 봉행 후 자리를 뜨셨다. 수백 년 세월이 흘렀다. 그 긴 시간을 잊지 않고 찾아온 외손이 직접 빚은 술을 흠향하시는 조상님은 얼마나 흐뭇하셨으랴.

지난해 봄이다. 봄 문학기행으로 청량산 자락 가송리 강변에 자리 잡은 영천이씨 종택을 방문한 적이 있다. 그냥 농암 선생을 기리는 곳으로만 생각하고 껍데기만 훑고 왔다. 할머니께서도 영천이씨 문중에서 우리 집으로 시집오셨다. 이렇게 우리 문중과 오백 년이 넘는 깊은 관계에 있고, 아직도 그 연을 잊지 않고 찾아주시는 외손이 계시는 곳이다. 그런 곳인 줄도 모르고 발자취도 제대로 남기지 않고 돌아왔다.

입향조 20세 권겸權謙 중시조를 시작으로 차례로 시제를 올렸다. 21세 북병사北兵使 수복受福 선조께 참례 때다. 나에게 종헌관終獻官 자리를 내주었다. 세월은 흘렀고 시속이 달라졌다고 한다. 하지만 껍질이 변했다고 속살까지 바뀌지는 않았을 터, 우리 풍속은 아직이다. 특히 그곳이 유교문화가 골수까지 배 있는 안동에서랴. 타지서 친정의 문중 행사에 참여한 것을 곱게 봐주신 배려로 넘치는 자리에 앉았다.

뿌리는 깊고 견고했다. '나'를 찾아가는 길은 이런 문중 행사에 참여하며 정신의 허기를 채워가는 일부터일 것이다. 첫걸음이라 조금은 낯설고 어색하기도 했다. 하지만 한 핏줄이라는 동질감으로 편안하고 뜻깊은 하루였다. 조상에게 누가 되지 않는 자손으로 스스로 깨치는 후손이 많이 배출되기를 빌며 예를 올렸다. 문중의 맥을 이어가며 일을 추진하는 후대가 고마웠다.

지키는 것은 힘들다. 그것이 현실에 이익이 안 될 때는 더욱 그렇다. 나라를 지키는 우국충정도 가문을 지키는 마음도 그 근본은 같으리라. 한 가문의 예법도 그 전통을 이어가는 후손에 달려 있다. 오늘날까지 자신의 소명에 책임감을 가지고 조상 일에 임하는 후손 덕에 우리는 빛나는 문화를 오늘도 누리고 있다.

* 회전시사會奠時祀 : 후손들이 조상 산소에 모여 지내는 시사時祀

둥지

산딸기 가지에 박새가 들락거린다. 알 품을 자리를 마련하려나 보다. 한두 줄기로 시작하여 며칠이 지나지 않자 포근하고 아늑한 제 새끼를 키우기에 손색없는 집이 완성되었다. 할아버지 밥그릇이었던 옥식기의 모양과 크기가 흡사하다.

이 새는 크기가 내 주먹 안에 들 만큼 조그맣다. 하지만 꼬리의 길이가 거의 몸통만큼이나 길다. 몸은 백일 맞은 아기의 엉덩이처럼 오동통하고 뺨은 흰색이며 아랫배 쪽으로는 넥타이 모양의 검은 세로띠가 있다. 마치 상가에 문상하러 가려고 정장 차려입은 신사처럼 멋있다.

가시덩굴이 최적의 장소인가 보다. 외부 적으로부터 지켜 줄 수 있으니, 이보다 안전한 곳이 어디 있으랴. 빨갛게 익은 딸기가 사람의 손길을 유혹한다. 온전히 자손을 키울 수 있으려나 심히 걱정이었는데 용케도 다섯 마리나 부화에 성공했다. 작은 몸뚱이에 주둥이가 어찌나 큰지 살아남기 위해 입만 키웠나. 하늘을 향해 입을 한껏 벌리고 어미가 물어오는 먹이를 받아먹으려고 안간힘을 쓴다. 벌려진 노란 목구멍은 생존의 소중한 첫 번째 관문이리라.

할아버지와 할머니는 아들만 다섯 두셨다. 인간 본성에 뿌리 깊게 잠재한 지배의 욕망에 휩싸인 일제강점기 말년, 그들의 목표는 오직 하나였다. 자기들 나라에 해를 끼칠 위인인지, 이득이 될 인물인지 오직 그것이 잣대였다. 격변의 세월에 자식들을 무사히 건사 못 할까 봐 노심초사하시다 결국 고향을 떠날 결심을 하셨다. 정감록에 나오는 십 승지 중 하나인 상주 우복동牛腹洞은 한 줄기 빛이었다. 성주봉이 남으로 흐르다 야트막하게 와서 멈춘 자락에 다소곳이 안긴 동네였다.

동학 본당이 그곳에 있었다. 할아버지는 인내천人乃天, 천심즉인심天心卽人心 사상을 근본으로 하는 동학에 귀의하셨다. 그러나 동학은 일제 탄압의 대상이었다. 새끼 새는 산딸기 가시덩굴의 보호를 받았지만, 동학은 우리 가족에게 울이 되지 못했다. 낱낱 인간의 힘이 모여 큰 힘이 되는 것을 그들은 두려워했다. 할아버지께 억압의 세월은 그늘과 주름만 한껏 안겨주었다.

힘센 놈은 욕심도 많다. 먹이를 더 많이 받아먹고 빨리 자랐다. 생존경쟁에서 약한 새끼는 뒤처질 수밖에 없다. 그래도 시간이 지나자 한 마리씩 모두 독립해 나가고 빈집만 휑하니 남았다. 주인 떠난 집은 온기가 사라지고 겨우 지탱하고 있던 둥지마저 바람이 통째 앗아가 버린다. 할 일 다한 어미는 또다시 자손 키울 걱정을 하겠지.

백부님은 안동에 남으셨다가 뒤에 합류했다. 할아버지는 맏이만 공부시켜 놓으면 밑에 동생들은 형이 다 가르쳐 주리라고 믿으셨다. 어디 자식이 부모 맘대로 될 리 있는가. 독선생 모셔다 공부한 백부님은 말글을 되글로도 못 쓰신다고 온 집안에서 안타까워했다. 타향에서 백부님의 글은 빛이 났다. 많은 사람이 맏아버지 밑에서 공부하고 싶어 했지만, 아무도 가르치려 하지 않으셨다.

어느 날 할아버지께서 분가를 결정하셨다. 열 식구가 훨씬 넘는 대가족을 거느리기에는 너무 힘에 겨우셨을 것이다. 백부님께서 살림을 나겠다고 하셨다. 어머니께서는 시어머니 보고 사신다고 하셨지만 그래도 분가는 당연히 셋째가 아버지인 우리 가족이 하실 줄 알았다고 했다. 하지만 운도 한번 떼보지 못하고 주저앉고 마셨다. 우리 식구끼리 단출하게 살아 보고 싶은 마음이 왜 없으셨으랴.

안동서 상주까지 이고 지고 온 살림살이다. 그것을 나누어 가지고 나간 맏아버지는 얼마 살지도 못하고 모든 것을 팔아 다시 안동으로 되돌아가셨다. 어떻게 옮긴 세간들인데…. 그 시절의 말이 위치는 요즈음하고는 비교할 수 없는 존재였다. 부모님 가슴에 묵직한 돌을 안기셨으리라.

　타향은 입양된 자식처럼 낯설었다. 잿더미 속에서 타고 있는 속불처럼 은밀히 살아보려 했지만, 마음은 늘 고향에 머물러 있었다. 결국 뿌리를 내리지 못했다. 둥치째 뽑힌 나무처럼 지금은 상주 땅에 흔적 하나 없다. 할아버지, 할머니, 넷째 숙모님은 백골로 고향 땅에 묻히셨고 다른 후손들도 모두 안동 땅에 모셨다.

　어미 새가 둥지를 만든다. 소소한 바람의 술렁임에도 새끼 품은 날개를 더욱 오그리고 연신 고개를 품 안으로 넣어 안을 살핀다. 자식들의 밥그릇 채우지 못하는 날이 혹여라도 올까 봐 걱정하지 않은 날 없으셨던 할아버지, 제대로 된 보금자리 틀지 못하고 모진 고생만 하시고 유명을 달리하신 것을 생각하면 가슴이 아리다. 그 노고의 덕이 오늘날 우리 아랫대가 존재할 수 있는 바탕이리라. 매년 늦가을 시제 때가 되면 30여 명의 후손이 모여서 조상 덕을 기린다.

노적가리

간밤에 무서리가 내렸다.

논두렁에 누운 풀섶이 하얗다. 초겨울로 접어든 들판은 계절이 몰고 온 황량함으로 쓸쓸하기 이를 데 없다. 추수를 끝낸 벼 무더기에는 성에가 올라와 발걸음을 옮길 때마다 바스락바스락 파열음을 낸다. 결실의 풍성함은 내년을 기약하며 자리를 내주었다. 노적가리가 쌓였다.

우수 경칩이 지났다.

겨우내 얼어붙었던 땅이 녹아내리면 볍씨를 골라 못자리를 만든다. 첫새벽, 새 물 퍼 올려 치성드리려 세수한 듯한 햇살이 어린 모의 갈피에 찰랑거린다. 비가 흠뻑 내렸다. 볕이 나니 모내기하기에는 딱 좋은 날이다. 모가 어느 정도 자라면 하지夏至 전으로 모내기를 끝내야 했다. 대체로 그 후로 장마가 시작되므로 모내기할 때 물 부족으로 애태우시던 할아버지가 생각난다. 쟁기로 가래질을 한다. 논을 갈아엎고 써레로 고른다.

　이른 새벽, 첫닭이 울기도 전에 모를 찐다. 매끄러운 논바닥에 모를 꽂는다. 맨다리에 닿는 논물은 봄볕에 미지근하게 데워지고, 발바닥의 미끈거리는 진흙 감촉이 마냥 좋은 날이다. 종아리에 달라붙는 거머리도 오늘만은 봐줄 만하다. 질펀한 흙탕물에 엎드린 햇볕에서는 불 담은 놋화로에서 나는 쇳내 같은 냄새가 훅 올라왔다. 간격 맞춰 색동 헝겊 매단 못줄 잡은 사람의 구령에는 어느새 땀이 배어 있다. 줄 맞춰 심느라 허리 한번 펴지 못한다. 어느새 놉한 일꾼들의 낯빛이 가을볕에 익어가는 대추 같다. 허기진 배는 새참을 기다린다. 한 상 걸게 차려온 광주리가 반갑다. 굽은 허리를 펴고 고개를 들어 첫 여름의 바람을 마신다. 공기도 달고 밥도 달다.

　아침저녁으로 논둑길을 오간다. 물을 대고 호미로 김을 매 벼 뿌리에 새 공기가 들어갈 수 있게 흙탕물을 일군다. 식물도 주인의 발소리를 듣고 자란다고 한다. 한여름의 뙤약볕에 튼실하게 자란 벼가 알찬 알곡으로 영글어 주인의 노고에 보답할 때 농부는 보람을 느낄 것이다. 내 논 물꼬에 물 들어가는 것하고 자식 입에 밥 들어가는 것이 제일 보기 좋다고 하지 않는가. 밥이 밥숟가락에 수북하게 퍼 올려질 것을 생각하면 안 먹어도 배가 불렀을 것이다.

논에 작은 산들이 생겨난다. 바닥에 깔아 놓았던 나락이며 길게 줄 맞춰 섰던 볏단들을 차곡차곡 쌓는다. 쌓아 놓은 볏단 위로 가을 햇살이 빗질하듯 쏟아져 내린다. 할아버지의 꿈은 노적가리를 높이 쌓는 것이었을 것이다. 땅바닥에 엎드려 고개 들 날 없이 일해도 내 땅이라고는 한 뼘도 늘릴 수 없었다. 품어야 할 자식은 많은데 전답은 풍족하지 않았다. 그 가슴 조이는 답답함을 털 길 없으니 오죽이나 힘드셨을까?

탈곡기의 시끄러운 소리는 타작 판에 힘을 불어넣는다. 노적가리에서 가져온 볏단을 마당에 쌓아 놓고 알곡을 털어낸다. 가을에는 부지깽이도 덤벙인다고 한다. 아무리 어려도 놀 수 없다. 열심히 나락을 나르고 부지런히 쫓아다니며 온갖 심부름을 다 한다. 어른들의 바쁜 손놀림에는 힘이 실리고 신명이 났다. 나도 해보고 싶었다.

장정들이 잠깐 쉬는 사이 기계에 발을 올렸다. 그 힘은 엄청나게 셌다. 힘에 부쳤다. 낱알이 떨어지는 것이 아니라 볏짚째로 빨려 들어갔다. 눈 깜작할 사이다. 만약에 그 짚을 놓지 않았다면 기계에 말려 들어가 큰 사고로 이어질 뻔한 아찔한 순간이었다. 엉덩이 한 대 맞고 쫓겨났다. 근처에 얼씬도 못 하게 했다. 이 날은 기운이 솟는다. 낟가리는 점차 줄어들고 탈곡기 아래는 알곡이 쌓인다. 타작하는 날은 가슴 벅차게 즐거운 날이다.

탈곡을 끝낸 마당이다. 커다란 멍석이 펼쳐지면 그 위에 나락을 쏟아부었다. 가래로 뒤집기도 하고 발로 고랑을 지었다. 이랑 짓는 일은 나도 할 수 있는 일이었다. 늦가을 태양은 낱알을 헤집고 들어왔다. 손에 한 줌 잡으면 손가락 사이로 사르르 흘러내려야 다 마른 거였다. 높이 쌓았던 노적가리의 알곡은 곳간에 차곡차곡 쌓였다. 아무리 폭설이 내리고 문풍지가 더르르 떨리는 삭풍이 몰아쳐도 끄떡없을 것 같았던 한 철이다.

노적가리는 사라졌다. 차렷하고 줄 섰던 볏단들도, 논바닥에 누워 가을볕에 더욱 단단해지던 알갱이들도 이제는 볼 수 없다. 기계가 한번 지나가면 알곡은 포대에 담기고 볏짚은 자동으로 포장된다. 들판에는 커다란 비닐 뭉치가 나뒹군다. 사람의 손이 필요하지 않은 쇠 물레는 인심마저 메마르게 한다. 건조실에서 열로 말린 벼는 맛까지 앗아갔다.

"엄마, 맛있는 냄새나."

햅쌀로 밥을 지으면 아이들이 하던 소리를 못 들은 지 오래다. 햇내 나는 밥 한번 먹고 싶다.

용마루

선대先代**께** 배향할 시제時祭 때가 되었다. 가족 묘역을 새로 조성했다. 절차가 복잡했다. 타향에서 백골이 되어서야 고향 땅에 묻히신 조부님 내외분과 혼이 떠난 육신으로 조상 발치로 돌아오신 어른들의 봉분을 헐었다. 몇 안 되는 뼛조각을 거둬 화장하고 다시 분쇄하여 봉안했다.

"부관참시剖棺斬屍가 따로 있지 않구나, 시간이 지나면 그냥 자연으로 돌아갈 텐데, 왜 이렇게까지 하는지 이해할 수 없구나."

반대하시는 집안 어른의 말씀은 묘역을 돌봐야 하는 후세의 논리를 이길 수 없었다.

이곳은 집의 정수리다. 의식을 치른 뒤의 엄숙함이 서려 있다. 가르마가 비뚤어지지 않아야 마음이 올곧다고 했다. 할아버지께서는 용의 비늘 같은 문양 마디마디에 가정의 안녕을 비는 주

술을 담아 용마루를 엮으셨다. 지붕의 맨 꼭대기에 경건한 마음을 담아 오롯이 한 점 흐트러짐 없이 앉혔다.

상강霜降이 지났다. 누운 논둑 풀섶으로 풀벌레가 숨어들고 논 한복판에 논이 가르마 탄 것처럼 줄 섰던 볏단 속의 메뚜기가 힘을 잃는다. 벼 베어나간 그루터기에 내린 서리의 으스러지는 파열음을 들으며 볏단을 집으로 옮긴다. 빈 논을 갈아엎고 밀, 보리를 파종하면 들일이 거의 끝을 맺는다.

타작하는 날이다. 논에서 거둬들인 벼가 마당에 잔뜩 쌓인다. 탈곡기가 요란하게 돈다. 기계 옆으로 널판자를 길게 놓고 볏단을 놓는다. 아이들은 얼씬도 못 하게 했지만, 볏단 나르는 일은 우리 몫이었다.

마무리할 시간이 가까워지고 있다. 마음에 쉼표를 찍고 멈춘 시간 속에 옛날을 담는다. 손톱 밑에 박힌 가시처럼 큰 병보다 공허가 허허롭다 못해 애잖다. 가을 아침이면 황금빛 지붕 위에 내린 서리가 별빛처럼 반짝이던 내 어린 날의 우리 마을 '죽림'. 대나무가 시나브로 사라지고 있다. 윗동네로 가는 길섶과 양지뜸 언덕 아래에 조금 남아 있을 뿐이다. 다만 지금까지도 그 이름을 잃지 않는 것은 대쪽처럼 곧은 사람이 살게 되어서는 아닐는지, 억지 이유를 부여하며 아쉬움을 달래 본다.

이제 고향에는 초가가 없다. 황금빛 지붕이 잿빛으로 물들었다가 이끼꽃을 피우더니 세월의 애환을 이기지 못하고 아예 자취를 감추었다. 가정의 무사 안녕이 담긴 용마루 아래 빗질하듯 아래로 흘러내리게 이엉을 덮었다. 그러고는 그 위를 밤새워 꼰 새끼줄로 다문다문 엮었다. 온 가족을 품으셨던 할아버지 품 같은 지붕 아래 오손도손 이불 속에 발을 묻었었다. 그러나 이제는 짚으로 엮은 용마루를 볼 수 없다.

　우리 가정의 용마루인 할아버지, 조부님 내외분은 슬하에 아들만 다섯 두셨다. 일제강점기 말, 폭정은 사람을 낭떠러지로 몰아붙였다. 아들을 건사해야 했다. 이사를 결심하셨다. 그곳에 '동학' 본당이 있다. 친가, 외가 모두 난세의 극복을 위해 '동학'에 귀의하셨다. 떠나기 싫어 미적거려 본들 뾰족한 수가 있을 리 없다. 안동 예안을 떠나 이곳, 은척에 자리 잡으셨다. 낯설고 물선 곳, 마음 둘 곳이 없어 얼마나 가슴이 횅하셨으랴. 남의 집에 세든 것 같은 마음은 바다에 덩그러니 떠 있는 부표같이 편치 않았을 것이다.

　먹는 것이 제일 무서웠다. 붉게 타던 저녁노을이 검은빛을 띠기 시작한다. 산그림자가 마당 가의 긴 감나무 그림자를 삼키고, 마당 끝까지 먹물을 풀어헤치듯이 어둠이 깔리면 일과를 벗어놓으셨다. 등짝이 멍에처럼 휘도록 일을 해도 가세는 점점 기울어졌다. 조상 발치를 떠났다는 근원적인 아픔보다 자식 입에 넣을 게 없다는 것이 몇 곱절로 가슴을 더 옥죄었으리라. 한 사발의 탁주로 시름을 내려놓으셨던 내 할아버지, 수염 끝에 매달린 술 방울이 왜 그리도 슬프게만 느껴졌었는지.

불합리한 세상을 원망도 하셨을 것이다. 시천주侍天主, 하늘을 믿으면 평등한 세상이 온다고 했다. 그러나 보국안민輔國安民, 광제창생廣濟蒼生, 제폭구민除暴救民의 기치를 내건 '동학'은 탄압의 대상이었다. 일제는 기층 민중의 힘을 두려워했다. 낱낱 인간의 힘이 큰 힘으로 성장할까 봐 싹부터 잘라내려 날을 세웠다. 그래도 할아버지는 막냇삼촌을 본당이 있는 '창마'로 보내 글을 읽게 했다. 초성 좋은 삼촌의 글 읽는 소리는 담을 넘었다. 마을에선 우리 집을 '글집'이라 불렀다. 사랑의 작은 책상에는 항상 지필묵이 놓여 있었다. 그것은 유일한 희망이었다.

할아버지의 성품은 대쪽 같으셨다. 자식의 목숨을 지키기 위해 이사 온 상주는 가시밭이었다. 해방의 기쁨도 잠시였다. 끝으로 두 삼촌은 한국전쟁에 징집되었다. 벼 한 포기 꽂을 땅도 품앗이할 일꾼도 없다. 나락은 끝 고르기 하고 한 달 후면 먹을 수 있고, 보리는 패기 시작하고 30일이 지나면 먹을 수 있다고 했다. 풋곡식이 빨리 영글기를 바라며, 날짜를 주문처럼 외며 3~4월 긴긴해를 원망이나 하지 않으셨는지. 뻐꾸기 소리는 주린 배를 더욱 허기지게 했을 것이다. 풋보리를 잘라 지게 위 바지게에 담아야 했던 할아버지, 생활은 항상 기갈을 면하기도 어려웠다. 상황의 절박성은 자존심에 씻을 수 없는 상처를 안겼다.

할아버지의 선택은 옳았다. 하지만 이별이 어디 죽음뿐이랴.

중백부님이 행방불명된 채 생전에는 물론 지금까지 생사가 묘연하다. 아마도 시국의 소용돌이 속에 젊은 날 저승의 객이 되시지나 않으셨는지. 아픈 손가락으로 남은 자식을 가슴에 묻고서도 내색 한 번 할 수 없었다. 전쟁은 나머지 자식들의 목숨만 앗아가지 않았을 뿐이지 가족에게 안긴 시련은 이루 말할 수 없다. 아무리 앉은 자리가 축축하게 젖어와도 고삐 묶인 소가 되어 묵묵하게 그 세월에서 벗어날 수 없었다. 그 시간 속에 조부님의 몸은 건어물 가게의 북어처럼 물기 없이 사위어만 갔다. 그 흐름에 거역 한 번 못 하시고 억새꽃 되어 가을 하늘에 흩어지셨다.

후손이 선산先山에 모였다. 새로 조성한 묘역이 깔끔하다. 경향 각지에 흩어져 살던 손자, 손녀, 친손, 외손이 다 모이니 산이 그득하다. 조상을 한곳에 모시고 그 얼을 새기며 애도가 아니라 축제의 장을 열었다. 할아버지께서 꿈꾸셨던 미래가 이런 것은 아니었을는지. 바르게 살아가야 하는 인간의 도리를 침묵으로 훈시하고 계신 할아버지, 혼은 싸늘하게 연기 되어 사라지고 몸은 풍화되어 흙으로 돌아가신 그 세월이 어언 70여 년이다. 하지만 아직도 그 그늘 아래서 자손들이 음덕을 기리며 미래를 논하고 쉼을 갖는다.

갈대숲을 거칠게 스치는 싸한 바람도 오늘은 훈풍이다.

소갈머리

조선 남자는 상투를 틀었다. 댕기 머리 총각이던 사내들이 혼례와 거의 병행하여 관례를 치렀다. 머리를 올려 행동에 책임을 져야 하는 성인이 되었음을 인정받는 행위로 머리카락을 틀어 올렸다.

우리 집에서 내가 본 상투 틀어 올린 모습은 할아버지가 처음이자 마지막이다. 상투를 트는 모습을 본 적은 없다. 그러나 단정하게 매만진 머리는 할아버지의 자존심이었다. 정수리를 가마솥 뚜껑의 손잡이를 뒤집어 놓은 것같이 만든 다음 동곳으로 고정한 뒤 망건을 썼다. 그러고는 '살쩍밀이'로 주변의 머리카락이 한 올도 흩날리지 않게 밀어 넣으셨다. 사랑에는 항상 갓과 두루마기가 걸려있어 손이 들면 늘 의관을 정제하고 맞으시던 모습이 아직도 눈에 선하다.

상투는 남자의 표상이었다. 아침에 일어나면 제일 먼저 하는 일로 정성 들여 곱게 다듬고 맵시를 낸다. 상투는 본인의 양쪽 엄지손가락을 합친 크기가 가장 적당하다고 했다. '신체 발부 수지부모'라, 털끝 하나라도 함부로 해서는 안 되었다. 효의 근본을 따르려니 모든 머리카락을 위로 올려 모양을 잡기가 몹시 어려운 일이었던가 보다. 눈에 띄지 않는 정수리 부분에 배코를 치고 주변머리로 모양을 잡아 멋을 냈다.

배코 친 부분이 '속알머리'다. 현재 일상에서 무심코 쓰는 '소견이 좁다. 혹은 의지가 유약하다.'라고 하는 '소갈머리'하고는 다르다. 그러던 것이 세월이 흐르고 '속알머리'가 '소갈머리'로 바뀌어서 보통명사가 되었다. 남이 보면 머리카락을 다 틀어 올린 것처럼 보인다. 하지만 실상 상투 속에 숨겨진 '속알머리'는 효에 흠집을 내면서까지 남자들이 행해야 했던 그들만의 아픔이었다.

나의 '속알머리'는?

감추고 싶고 보여주기 싫은 곳이 어디 한두 곳이랴. 무지 외반증으로 튀어나온 오른발은 예쁜 신도 마음대로 골라 신을 수 없다. 외형으로 감추고 싶을 뿐만 아니라 실생활에까지 불편을 준다. 앞 볼이 넓은 펑퍼짐한 운동화가 나의 평상복에서 정장에까지 점령했다. 그래도 이것은 약과다. 양말을 신고 신 속에 있으니 남의 눈에 띌 일이 별로 없다.

오른손 검지도 숨기고 싶은 부분이다. 퇴행성 관절염으로 변형이 와 손 내놓기가 민망하다. 남들은 매니큐어와 페디큐어로 치장하고 자랑하듯 당당하게 손발을 내놓고 거리를 활보한다. 평생 공들여 매만져본 일 없는 쭈글쭈글하고 못난 손이 부끄럽다. 하지만 그런들 어떠랴. 애들 셋, 사회에 나가 제 밥벌이하도록 키워 냈고, 남편과 반세기가 넘도록 잘 살아오지 않았는가. '수고했다.' 두 손을 마주 잡아본다.

어디 외형으로 노출된 이런 '속알머리'뿐이랴. 마음속 깊이 숨어있는 이런저런 상흔들은 나만이 알고 간직한 채 보듬고 가야 할 일. 육신의 허물이야 옷이나 신, 모자 등으로 껍데기를 덧칠하면 모면할 수도 있다. 하지만 텅 빈 머리며 좁아터진 가슴팍에 자리 잡고 있는 법도에 길들지 않은 사고思考가 두렵다. 나도 모르는 사이 알맹이 없는 말이 툭 튀어나오면 이런 난감할 때가 어디 있으랴. 정신을 살찌우기 위한 소양 쌓기에 게을러지지 않도록 마음을 다진다.

일제강점기, 피와 눈물과 땀의 대가는 참혹했다. 그들의 만행은 극한으로 치달았다. 지배적 현실에서 공인받은 부당한 압제자의 폭거에 야합할 수는 없었다. 단발령은 조선 남자의 덜미를 잡고서 영혼을 압박하고 자존심을 짓밟는 것이었다. 500년 동안 내려온 생활 습속의 궤도에서 벗어난 새로운 올가미를 씌웠다. 더군다나 머리카락이 잘려 나갔을 때 드러날 '속알머리'는 더더욱 보여서는 안 되는 것이었다. 백의白衣에 먹물 총을 맞아도 흰옷을 고집했다. 금방 내린 적설처럼 고결한 민족혼에 흠집을 낼 수는 없었다.

할아버지 머리가 흐트러졌다. 흩어진 옷깃을 다잡고 '속알머리'를 감추고 머리를 다듬으려 해도 몸이 말을 듣지 않는다. 병석에서도 상투를 고집하셨던 마지막 조선의 어른, 누구의 눈에도 띄지 않게 아침에 일어나시면 머리부터 만지셨던 할아버지. 그 어른에게 육신과 영혼이 따로 노는 것은 크나큰 고통이었다. 대쪽 같은 성품으로 그것은 참으로 견디기 어려운 일이었다. 쇠락하는 국운과 함께 조선 남자의 자존심은 그렇게 힘없이 무너져 내렸다. 긴 담뱃대로 놋화로 전을 치셨다. 그것은 가족 중 누구라도 대령하라는 무언의 호령이었다. 그 아련한 소리가 들릴 듯한 날이다.

그땐 그랬지

성주봉이 사벌벌로 내달리다 멈추어 선 자리다. 할아버지는 말소리 다르고 먹새 다른 여기를 우복동牛腹洞*이라 믿고 이삿짐을 내려놓으셨다. 일제는 사람을 세상의 가장자리로 밀어붙였다. 그들은 착취에 혈안이 되어 있었다. 미친 듯이 마구잡이로 사람까지도 낚아채 갔다. 그러나 이곳도 버리고 온 고향보다 별반 나을 것이 없었다. 등짝이 멍에처럼 휘도록 일을 해도 민초들의 삶은 어디서나 기갈을 면하기 어려웠다. 몇몇 세습 벌족은 높은 담장 안에서 살아가고 있었지만, 대부분은 우리와 진배없이 딱해 보였다.

거짓되지 않게만 살라고 했다. 그러면 새로운 시대가 열릴 것이라는 동학의 '개벽 사상'을 굳게 믿고 용단을 내리셨다. 자식의 목숨을 건사하기 위해서는 많은 것을 포기해야만 했다. 상처

입은 짐승처럼 거친 숨을 몰아쉬며 피난민 같은 짐을 꾸리고 떨어지지 않는 발걸음을 떼셨다. 조상을 외면했다는 빼낼 수 없는 탄환 같은 죄의식에 묻혀 평생을 사셨다. 기어이 살아서는 그리던 땅에 가시지 못하고 백골이 되어서야 조상 발치에 묻히셨다.

 황금 들판이 멀리까지 펼쳐져 있다. 그러나 그것은 내 땅에서 영글어 가족의 배를 불릴 수 있었던 알곡이 아니었다. 이제는 남의 땅, 그 땅에도 찰랑거리는 가을 햇살에 오곡이 살을 찌우고 있을 것이다. 하지만 타향에 발붙이기 서툰 할아버지의 휑한 가슴에는 철 이른 바람만이 차갑게 스며들었으리라. 집집마다 피어오르는 저녁연기에도 짙어져야 할 짐이 많은 가장의 어깨는 무겁기만 했을 것이다. 일상적인 삶의 범주에서 벗어나 낯설고 물선 곳에 터 잡기가 얼마나 막막하셨으랴. 봄 햇살 담뿍 받고 단란했던 한때의 삶은 추억 속에만 가두어 둬야만 했으리라.

 집은 한 채뿐이었다. 가족이 거처할 곳을 더 마련해야 했다. 아버지가 새로 지은 아래채는 벽이 길에 면해 있었다. 고샅 아래는 작은 도랑이 있다. 우리 동네의 젖줄이었다. 밥 짓고 빨래하는 것까지 모두 이 물에서 해결했다. 방은 기다랗고 가운데를 둘로 분리할 수 있었다. 건물의 오른쪽은 우사를 앉혔다. 사립문 옆이었다. 여물통이 있고 방으로 향한 곳에는 큰 가마솥이 걸려 있었다.

 "음매~~."

한 지붕 아래 소와 함께 살았다. 소가 마구간 볏짚 위에 흐벅진 엉덩이를 깔고 비스듬히 누웠다. 거품 섞인 침을 흘리며 연신 입을 우물거리며 되새김하는 모습이 듬직했다. 코에 꿴 코뚜레는 주인에 대한 순종이 담겨있었고 끔벅이는 커다란 눈망울에는 우직함이 서려 있었다. 소는 귀한 대접을 받았다. 장정 몇 명 몫의 일을 해낼 뿐 아니라 한 가정의 튼튼한 버팀목이자 살림 밑천이었다.

인기척 없는 이른 새벽, 여울물이 자근자근 조잘대는 소리에 할아버지는 잠에서 깨신다. 그러고는 헛기침 서너 번으로 식구들의 곤한 잠을 얕아지게 만들고는 곧장 우사부터 살피셨다. 여물을 끓이기 전에 미리 가마솥에 물을 붓고 아궁이에 불을 지피셨다. 삭연한 아침, 햇살이 퍼지기 전에는 아직 춥다. 위쪽에는 아버지와 둘째 삼촌이 가마니를 짜거나 새끼를 꼬셨다. 아래쪽에서는 막냇삼촌이 글을 읽으셨다. 밤이 늦도록 애썼을 아들들이 혹여 춥지나 않았을까, 식었을 구들도 덮어주고 외양간에도 온기를 피워 소가 춥지 않게 돌보셨다.

가마솥에는 여물만 끓이지 않았다. 큰 솥에 대추, 생강, 모과, 돌배, 파 뿌리, 무, 인동덩굴 등 산과 들에서 구할 수 있는 온갖 약초를 넣고 고았다. 식구 중에 누구라도 한 사람 고뿔 증세가 보이면 이 물을 한 사발씩 마시고 군불을 넉넉히 땐 구들에 몸을 지졌다. 열이라도 나는 사람은 이불을 머리끝까지 뒤집어쓰고 발가락 하나 보이지 않게 꼭꼭 덮었다. 그러고는 어른들이 지켰다. 발바닥까지 땀을 내면 아침에 거뜬히 일어났다.

변변한 방한복이 있을 리 없었다. 겨울이면 아이들은 감기를 달고 살았다. 흘러내리는 코를 소매 끝에 닦기 일쑤였다. 얼기도 하고 말라붙어 번들번들했다. 헐벗음의 밑바닥에서 뒹굴어도 남자애들은 신이 나 있었다. 짚을 뭉쳐 공처럼 만들어 빈 논에서 차고 놀았다. 무명 겹바지 저고리가 고작이지만 뛰고 놀다 보면 하루해는 짧고 온몸은 땀범벅이 되었다. 사내아이들은 대장간의 쇠가 수십 번의 담금질 끝에 야물어지듯이 감기 같은 것은 병으로도 여기지 않고 겨울을 났다.

할아버지의 우복동에서의 삶은 역경의 연속이었다. 해방이 되어도 고난의 길은 끝이 보이지 않았다. 좌우의 분열 속에 새로운 난관이 닥쳤다. 밖에 낯선 인기척만 느껴도 몸을 사리게 되고 항상 긴장 속에 살았다. 숨 한번 크게 쉬지 못하고 죄지은 듯이 기가 죽어 지냈다. 집에 건장한 청년이 있다는 것은 울이 되는 것이 아니라 걱정거리였다. 우려는 현실이 되었다. 결국 막냇삼촌이 징집되고 연이어 큰삼촌도 영장이 나왔다.

한 가정이 무너졌다. 집에는 연로하신 어른과 아이들, 젊은 여자뿐이었다. 그래도 하늘은 무너지지 않았고 땅도 꺼지지 않았다. 우리는 살얼음 위를 걷는 것 같은 불안 속에 3년의 세월을 보내야 했다. 살아도 살아있는 게 아닌 것 같은 삶이었지만, 산

사람은 살게 되나 보다. 목숨은 모질었다. 소용돌이치는 세월에 휘말려 숱한 상흔만 안고 가신 할아버지, 그 덕에 우리 후손은 목숨을 보전하고 좋은 세월 만나 호사까지 누린다.

* 우복동牛腹洞 : 소의 배 아래처럼 생긴 지형이라 병화兵禍를 면할 수 있는 곳.

시루

경주 남산은 신라인의 시루였다. 켜켜이 쌓은 그 품에는 역사가 숨 쉬고 우리 조상들의 신앙이 깃들어 있으며, 수많은 불상과 탑에서 불교에 대한 사랑을 읽어낼 수 있다. 편편하게 땅을 다듬어 절을 짓고, 반반한 바위에는 불상을 새겼다. 높은 봉우리에는 산을 기단으로 탑을 세워 자연과 일체를 이루었다. 이곳에서 자식을 품고 녹인 자애로운 우리 할머니를 꼭 닮은 부처님을 만났다.

경주 불곡 마애여래좌상이다. 일명 부처골 감실할매부처다. 바위에 굴을 파고 석불을 앉혔다. 조순하고 인자한 얼굴에 약간 부은 듯한 두 눈과 입가에 번지는 온화한 미소가 똑같다. 금방이라도 벌떡 일어나 머리에 수건을 벗어 옷에 묻은 먼지를 툭툭 털고 마루로 오르실 것만 같은 할머니가 그곳에 계셨다.

할머니는 무남독녀셨다. 선비 가정에서 태어나 유복하게 사셨다. 그래서였는지 그 얼굴에서는 언짢은 기색을 본 기억이 없다. 용모에는 기품이 서려 있었고 몸가짐이 조신했으며 앉음앉음은 언제나 곧으셨다. 그런 어른이 대쪽같이 강직한 성품의 할아버지를 만나 혼인하셨다. 성혼이 이루어진 지 수년이 지나 자식들이 태어나도 남편이 몹시 어려웠다고 했다.

성리학은 청렴을 미덕으로 여겼다. 조선 고래로 내려온 인륜의 길에는 검소함이 몸에 배어있다. 거기에는 안목 높은 법도가 있었다. 할머니는 범절 있게 자라셨다. 매일 닦고 닳아 길든 몸에 밴 예에는 한 치의 흐트러짐도 없었다. 문을 드나들 때는 문지방을 밟지 못하게 하셨으며 사람의 머리맡으로 다니지 못하게 했다. 문을 나갈 때나 어른 앞에서는 '모걸음'으로 다녀야 한다고 일러주셨다. 시집와서는 시집의 법도에 따라 본대 있게 가정의 구심적 역할을 굳건히 해내셨다.

할아버지, 할머니 양위분은 슬하에 5형제를 두셨다. 할머니는 정월이면 안택제安宅祭를 지냈다. 곳곳의 가신에게 자식의 안녕과 가정의 번영을 빌었다. 목욕재계하고 정성을 다해 제물을 준비하신다. 찹쌀과 멥쌀을 적절한 비율로 물에 불려 빻고 팥을 푸슬푸슬하게 삶는다. 이것을 시루에 안칠 때는 아무도 접근하지 못하게 하셨다.

단정하게 한복을 차려입으신다. 푸른빛이 살짝 도는 그 옷은 정말로 고왔다. 그 위에 희다 못해 옥빛이 서리는 푸새하고 다림질한 앞치마를 두르고 소매 끝의 자주색 끝동을 걷어 올리셨다. 맨 밑에 팥을 먼저 깔고 그 위에 쌀가루를 골고루 폈다. 이렇게 켜켜이 시루에 가득 차도록 안치고 솥에 얹는다.

조심은 이때부터였다. 시룻번을 뚫고 김이 새지나 않을까 노심초사하셨다. 코도 함부로 풀지 못하게 했으며 정낭에 다녀온 사람은 정지에 들지 못하게 하셨다. 이렇게 조심하여도 어긋날 때가 있다. 김이 한 번 덧들어 새기 시작하면 걷잡을 수 없었다. 위로 올라야 할 김이 옆으로 새면 아무리 덧발라도 소용이 없었다.

고사상에 시루를 올릴 시간이다. 시룻번을 뜯어내고 덮개를 들칠 때는 얼굴에 긴장한 기색이 역력했다. 곡진하게 치성드리는 할머니의 뒷모습은 엄숙하다 못해 단호해 보였다. 제상에 올린 떡 냄새는 집 안팎은 물론 온 마을로 퍼져 나갔다. 정월 열엿새의 달은 차갑고 단단하게 집안에 깔려 어른이나 아이 할 것 없이 소맷자락에 손을 넣게 했다. 동네 아이들의 작은 콧구멍이 벌름거렸다.

경주 남산 불곡의 감실부처님은 시묘살이 부처님이시다. 산의 북쪽에 자리 잡고 앉아 우리 민족의 얼과 역사, 신앙, 문화를 보듬고 계신다. 자손만대 유물이 보존되기를 염원하면서 만세토록 허물어지지 않을 집을 짓고 이 석불을 앉히셨을 것이리라.

할머니의 기도하는 마음으로 쪄낸 시루를 통째로 제단에 올려 가정의 안녕과 풍요를 빌듯 신라인들은 이 산에 국가의 안위와 번영을 빌었을 것이다.

할머니는 우리 가문의 시묘살이 부처님 같은 분이셨다. 고사상에 올릴 붉은 설기를 만들기 위해 시루에 떡을 안치듯이 가슴 속에 자식들을 하나같이 정성을 다해 품으셨다. 죽어서도 가문의 영광과 후손의 번창을 빌었을 할머니의 거친 손을 잡고 얼굴을 비비고 싶은 오늘이다.

돌이킬 수 없이 허물어진 여자의 일생, 소싯적 호강은 잠시 피어올랐다 사라지는 아침 안개에 불과했음이랴. 격랑의 세월에 뭉친 먹물같이 풀리지 않는 아픔은 할머니의 피를 말리고 살을 앗아가 등걸만 남게 했다. 빈 봉분으로만 선산에 누워계신 내 할머니! 수십 성상에 육신은 흙으로 풍화되고 혼마저 산화된 지 오래리라.

지금도 경주는 역사가 살아 꿈틀대는 곳이다. 불곡 감실할매 부처님은 금방이라도 버선발로 뛰어나올 것만 같다. 이날 이때까지 그래왔듯이 앞으로도 영원히 남산을 찾는 이를 보듬고 위로해 주기 위해 말없이 이곳을 지킬 것이다.

우리 할머니가 그랬던 것처럼!

바탕

우리 집은 '기찻길 옆 오막살이'였다. 기차가 지나가면 구들장이 뒤흔들렸다. 마당은 논배미 한 귀퉁이 땅처럼 각이 지고 좁았다. 농사를 짓지 않으니 타작할 일은 없었다. 그래도 그 작은 곳에 장독대도 있고, 꽃밭도 있고 돼지우리도 있었다. 봄이면 꽃씨도 심고 울 밑에는 호박도 심었다. 가을이면 마당 이쪽 끝에서 저쪽 끝까지 매여 있는 빨랫줄의 바지랑대 끝에서 고추잠자리가 쉬어 가기도 했다. '빨래 아홉 번 해 입고 친정 아홉 번 간다.'는 춘삼월 긴긴해가 좁은 마당 구석까지 파고들면 금방 깐 햇병아리가 종종걸음을 쳤다.

아버지는 우리 집의 바탕이었다. 마당 한쪽 귀퉁이에는 큰 나무토막이 떡 버티고 있었다. 장작을 팰 때 사용하는 바탕 나무였다. 아버지가 해 오는 큰 나무나 오빠들의 지게에 실려 오는 까치 둥치만 한 나무나 모두 아버지 팔에 실린 힘으로 장작으로 변했다. 눈썰미 있고 일에 빈틈없으셨던 내 아버지, 그 좋은 솜씨로 위채밖에 없어 불편했던 집의 아래채도 지었다. 일을 주관하면 여축 없이 해내셨다.

아버지의 전신에는 담력이 서려 있었다. 힘이 장사였다. 당신의 나무 한 짐은 보통 사람의 한 배 반은 되고도 남았다. 한 지게만 부려 놓아도 바탕 주위가 가득했다. 직장에 모인 사람들과 팔씨름하면 항상 모두를 이겨 내셨다. 그 일은 오빠들의 어깨에 힘이 들어가는 몇 안 되는 자랑거리였다.

가난하기는 학교나 가정이나 별반 다르지 않았다. 어려운 학부모들의 주머니에서 한두 푼 끌어모아야 유지할 수 있었던 사립이었다. 한번은 학비를 내지 않아 학교에서 쫓겨났다. 아버지에게 들키면 꾸중 들을 게 뻔하니 산을 넘어 먼 곳을 돌아서 집으로 오고 있었다. 원수는 외나무다리가 아니라 철길에서 맞닥뜨리고 말았다.

"앞문으로 쫓아내면 뒷문으로 들어가고, 뒷문으로 쫓겨나면 앞문으로 들어가야지 쫓아낸다고 집에 오면 아침에 없던 돈이 어디서 나오냐?"

아버지의 배짱은 오빠를 더욱 주눅 들게 했다. 순리가 아닌 억지로 세상과 맞짱 뜨려 하셨다. 해방과 연이어 닥친 전쟁으로 세상은 부조리와 불공평이 판치던 때다. 대다수 사람을 삶의 가장

자리로 몰아붙였다. 막다른 골목에 선 사람에게 예禮를 갖추라는 것은 어불성설이다. 아침을 겨우 때운 사람이 저녁 끼니를 걱정해야 하는 판에 성이 양반이면 뭐 하고 조상이 정승판서인들 무슨 소용이란 말인가. 아버지는 세상에 분노하고 계셨다.

그래도 그 바탕은 겁 많고 선한 어른이셨다. 겉으로는 엄하고 무서웠지만 자식 사랑하는 마음이 가슴 밑바닥에 깔려 있었다. 큰오빠는 몸이 약했다. 새끼 밴 어미돼지를 잡게 되면 약으로 쓴다며 미리 부탁하셨다. 태에 싸인 새끼를 가져오시면 어머니는 무쇠솥에 세상의 빛도 보지 못하고 죽어간 어린 생명을 덩어리째 넣고 푹 고아 오빠에게 먹였다. 그 덕분이리라. 지금도 오빠는 미수를 서너 해 남겨 놓은 연세에도 큰 병 없이 집에만 계시지 않고 부지런히 바깥 활동을 하신다.

큰오빠가 중학교 입학시험에 차석으로 합격하였다. 그 일은 아버지에게 타향에서 또 다른 타향으로 밥벌이 찾아 흘러든 곳에서 큰 위안이 되었으리라. 들온 돌은 괸 돌에 치여 기죽을 수밖에 없었던 때다. 가장이라는 위치는 무리해서라도 아들의 기를 살려주고 싶었으리라. 우리 집 형편으로는 감히 엄두도 못 낼 거금을 들여 사지로 된 교복을 맞춰 주셨다. 가방이 없어 보자기에 싼 책을 허리에 두르거나 어깨에 둘러메고 다녀야 하는 판에 그것은 큰 사치를 뛰어넘는 호강이었다. 아버지의 배포는 엉뚱했지만, 한편으로는 또 다른 믿음을 가지게도 했다.

한때, 학생들의 장래 희망을 보면 부모의 직업을 알 수 있다고 한 적이 있었다. 교사의 자녀는 대학교수나 문교부 장관, 경찰 공무원 자녀는 판검사나 내무부 공무원, 어쩌다 더러는 대통령 되는 것이 꿈이라는 학생이 있기도 했다. 우리 집도 예외는 아니었나 보다. 아버지가 철도 공무원이시니 교통부 산하 고위 공무원이라도 나오길 은근히 바라셨는지도 모를 일이다. 작은오빠가 철도고등학교에 응시했다. 그런데 그만 낙방하고 말았다.

"국회의원에 나왔다가 떨어지기도 하는데, 사내대장부가 그까짓 것쯤 아무것도 아니다."

나는 그때 아버지 통의 크기를 처음으로 느낄 수 있었다. 꾸중들을 각오로 기죽어 있는 오빠에게 그 말씀은 큰 울림이 되어 가슴에 박혔으리라.

우리 삼 남매의 바탕에는 아버지가 깔려 있다. 우직한 고집은 타협 모르는 외골수를 빼닮았다. 그 고집이 오빠들의 사회생활에서 승진하는 데 걸림돌이 된 적도 있었겠지만, 옳은 길을 가는 데는 디딤돌 역할을 충분히 하였을 것이다. 어떤 때는 어머니 고생시킨다고 아버지가 야속하고 미운 적도 많았다. 이제 아버지 가신 나이를 훌쩍 넘은 내 나이다. 태풍의 풍랑 속 같은 세월을 사셔야만 하셨던 우리 아버지, 살아온 날들에 대한 회한의 절규가 가슴 아리게 몰려온다.

문경 가은은 제2의 타향이다. 하지만 한편으로는 우리 삼 남매의 학창 시절을 다 보낸 고향 같은 공간이기도 하다. 봄이면 벚꽃이 꽃비 되어 마당을 분홍빛으로 물들였던 길가의 그 집은 논으로 변하여 흔적도 없이 사라진 지 오래다. 우리 삼 남매는 아버지 힘의 바탕이었을 것이려니. 그 모든 추억도 집과 같은 신세가 될 날이 얼마 남지 않은 것만 같다. 곧 낙엽이 쌓이리니.

부부

지난 늦가을이다. 오빠들 따라 선대 고향을 찾았다. 사람이 다녀야 길이 나는데 사는 이가 없으니 생길 리 없다. 제철에 가면 풀이 우거져 헤치고 갈 수가 없다고 한다. 된서리 맞아 드러누운 풀 위로 식은 가을 햇살이 쏟아진다. 하늘은 높고 공기는 상큼했다. 야트막하게 와서 멎은 산자락에 집이 있다. 손가락으로 살짝 건드리기만 해도 바로 무너질 것만같이 폭삭 늙었다. 저녁연기를 피웠을 굴뚝에는 부러진 감나무 가지가 걸려있고 대청마루는 어물쩍 주저앉고 말았다. 어머니가 시집와서 사시던 집이다. 그 세월 동안 형체가 남아있는 것만도 놀랍다.

작은 개울 건너에는 우물이 그대로다. 닭이 첫 홰를 친다. 찬 도랑물에 세수하고 정화수 뜨다가 조왕신께 치성드리던 물이다. 그 물이 아직도 조금만 손보면 먹을 수 있다고 한다. 조부모님과 부모님이 터 잡고 사시던 곳이라 감회가 남달랐다. 따뜻한 기운이 아직 남아 있는 것만 같았다.

장티푸스가 유행했다. 수인성 전염병인 이 병은 상하수도 시설이 제대로 갖추어지지 않은 불결한 위생 상태에서 자주 발생할 수밖에 없었던 것 같다. 집 옆 개울가에 오목하게 샘을 파 놓고 물이 스며들면 그냥 퍼다 마셨다. 비가 오면 옹달샘은 간곳없이 사라지고 흐르는 흙탕물을 아무런 정수 과정도 거치지 않고 그냥 사용했다. 우리 집도 예외는 아니었다.

어머니와 막냇삼촌이 앓아누웠다. 사립문 앞 고샅에는 사람의 발길이 끊어졌고 누구 하나 남의 집을 방문할 수 없었다. 죄인 아닌 죄인으로 위리안치된 생활은 식구들을 주눅 들게 했다. 삼촌은 그래도 어린 나이라 크게 고생 안 하고 털고 일어났다. 그러나 어머니는 심한 고열과 복통을 겪은 후 달을 넘겨 겨우 회복의 기미가 보였다.

장식이 없는 나무로 된 작은 경대가 있었다. 그 속에는 참빗과 얼레빗, 비녀, 가르마 타는 송곳처럼 생긴 뾰족한 화젓가락 같은 것이 들어 있었다. 기름 먹인 사각 종이는 차곡차곡 접어 경대 큰 서랍 바닥에 넣어 두셨다. 아침이면 그 종이를 펴 놓고 긴 머리에 동백기름 바르고 정수리를 똑바로 갈라 가르마를 탔다. 곧은 가르마는 정신의 표상이었고 마음에 새기는 절개의 증표였다. 그러고는 머리카락 한 가닥 흩날리지 않게 쪽을 찌셨다. 이렇게 매일 손질하던 머리는 오랫동안 감지 못하고 빗질하지 않아 엉망이 되었다. 참빗은 고사하고 얼레빗도 들어가지 않았다.

"젓가락 하나 가져오너라."

아버지가 영을 내리셨다. 밖으로만 돈다고 야속하고 원망도 많이 했었는데 어머니의 머리 형태를 보기가 몹시 딱하셨나 보다. '열 효자보다 한 사람의 악처가 낫다.'라는 말은 맞았다. '악처'만이 아니라 '악부'도 나왔다. 아버지는 어머니의 머리카락을 한 올 한 올 뽑아 가려 주셨다. 무섭고 두렵기만 하던 분이셨는데 이런 자상함이 있었다는 것이 놀랍고 고마웠다. 부부란 이런 것이고 이런 게 정인가 보다.

아버지는 경제적 권한만이 아니라 모든 권리를 손아귀에 넣고 계셨다. 어머니는 누런 월급봉투 한번 만져 보신 적이 없다. 순종이 아닌 복종만 하는 삶이 정말 싫었다.

"엄마, 이혼해."

꿈에서라도 생각해 보신 적 없으신 말이다. 그런데 이상했다. 아버지로부터 해방되어 자유를 찾는다면 꽃길만 열릴 것 같았다. 나는 당연히 어머니를 따라야 했다. 그렇지만 그런 생각은 눈곱만큼도 들지 않았다. 나는 아버지의 자식이며 곁을 떠나는 것은 혈육을 끊는 일로 있을 수 없는 일이었다. 성리학의 부계 혈통 사상이 골수 가득 채워져 있었다.

언제까지나 당당하실 줄 알았다. 직장에서 퇴직하고 집에만 계시게 되자 등은 굽어지고 어깨는 좁아져만 갔다. 목에 힘주고 큰소리치던 아버지가 참 내 아버지였다. 어머니를 고생시켜 밉고 싶었다. 그러나 돌이켜 생각해 보면 미워할 수 있을 때가 좋은 시절이었다. 축 처진 어깨는 곧 사라질 이내의 하늘이었다. 너무 쓸쓸하고 측은해 보였다.

올해도 또 어김없이 가을이 올 것이다. 같이 가자고만 한다면 언제든지 따라나설 것이다. 하지만 오빠들 건강이 언제까지 선산의 묘들을 돌볼 수 있을지도 모를 일이며, 한 대 넘어 조카들이 함께 가자고 하면 선뜻 따라가기도 쉽지만은 않을 것이다. 선조의 뼈가 묻히고 얼이 깃든 그곳에 몇 번이나 발자국을 찍게 될지 모를 일이다. 세월은 기다려 주지 않으리라.

"오빠, 올해도 같이 가요."

비녀

비녀, 그것은 정절貞節의 정점頂點에 있었다. 귀밑머리 풀어 올리면 죽어서도 그 집 귀신이 되어야 했다. 그 머리카락이 어머니 머리에서 잘려 나갔다. 칼에 베인 자리가 허허롭다 못해 애처롭다. 흑단 같았던 그 머리, 하얀 빗물에 감은 듯 시간의 긴 침에 닳고 낡아 볼품이야 없었지만 이 일은 있을 수 없는 일이다. 몸이 말 안 듣는다고 정신 줄까지 놓은 것도 아닌데 마음을 얼마나 바장였을까.

봉두난발이다. 여인에게 비녀는 부모상을 당하였거나 지아비 상을 당하였을 때 외에는 머리에 단정히 고정되어 있어야 했다. 그런 비녀를 이제는 꽂을 수 없게 되었다. 마지막 남은 한 올 자존심마저 산산이 흩어지고 말았다.

영양 일월산 아래 시골 선비의 귀한 딸로 태어났다. 일제의 탄

압이 극으로 치닫던 1920년, 봄이 농익어 여름으로 한참 넘어가려던 때다. 혼인하고 8여 년만에 얻은 첫 자식을 잃은 지 또 8여 년 만에 품은 자식이다. 불면 날세라 쥐면 꺼질세라 여리고 곱게 자랐다. 또 8년이 지나서야 남동생을 보았다. 오누이는 부모님 사랑을 한껏 받으며 자랐다. 산 높고, 골 깊고, 물 맑은 곳에서 깨끗한 공기 마시며 청순하게 성장했다.

 삼단 같은 머리가 치렁치렁하게 길어 혼인할 나이가 되었다. 18세 여자의 몸, 꽃 같은 나이다. 새벽이슬 머금은 박꽃 닮은 어머니, 살구가 막 신맛을 올리고 감꽃이 뚝뚝 떨어지던 날 사주단자를 받았다. 안동 예안의 동갑내기 아버지를 만나 혼인을 했다. 홑 가닥으로 땋아 내린 머리는 장딴지에 닿았다. 머리카락은 힘이 있고 윤기가 돌았다. 한 손으로 쥐어지지 않을 만큼 많은 머리숱은 듬성듬성 쳐내야 비녀를 꽂을 수 있었다. 그 머리에 은비녀가 꽂혔다. 층층시하 시집살이가 시작되었다.

 아버지는 5남매 중 중간이었다. 시부모님과 시숙, 손위 동서에 시동생까지 모두 상전上典뿐이었다. 조석으로 문안드렸다. 맏아버지는 서당에 가지 않으시고 집에 스승을 모셔 와 글을 읽으셨다. 그러니 사랑舍廊에 손도 끊이지 않았다. 아침 일찍 일어나 머리부터 만지셨다. 작은 경대를 열고 겹겹이 접은 기름 먹인 종이를 펼친다. 동백기름을 머리카락 끝까지 골고루 발랐다. 얼레빗으로 가리고 참빗으로 한 올 흐트러짐 없이 다듬었다. 그리고는 비녀를 꽂으셨다. 이마는 반듯했고 얼굴은 비 갠 봄 산처럼 청아했다.

이런 시절은 그리 길지 않았다. 일제의 핍박에 견딜 수 없었던 할아버지는 상주 우복동으로 이사를 결심하셨다. 시집오고 이태 만에 맏이가 태어났다. 그해에 대대로 이어 살아온 고향을 떠났다. 그 힘겨운 용단으로 우리 가족이 목숨을 건사할 수는 있었는지 모른다. 한 핏줄 동족에게 총부리를 겨누었던 6·25전쟁, 어떤 골은 한동네 사람 전부를 한 구덩이 속에 몰아넣고 몰살시키기도 했다고 한다. 하지만 상주 은척에서 생활은 말할 수 없이 곤궁했다. 대가족에 논밭 팔아 가지고 온 그 돈은 대롱의 꿀보다도 헤펐다.

식구 수를 줄여 입을 덜어야 했다. 우리는 할아버지가 사시는 바로 앞집으로 살림을 났다. 근로 보국대를 피하고 일자리를 찾아 집을 비운 아버지를 대신해 어머니는 우리 삼 남매를 먹이고, 입혀야 하는 멍에를 짊어져야만 했다. 열 살도 안 된 아들을 데리고 뒷동산을 누벼야 미지근하게나마 방구들을 덥힐 수 있었다. 단정하던 머리는 온데간데없이 헝클어졌다. 꽃같이 곱던 얼굴은 삭아지고 그 많던 머리카락은 점점 빠져 비녀는 헐거워져만 갔다.

어느 봄날이었다. 어머니는 종다래끼를 허리춤에 차고 사립문을 나섰다. 아버지가 공무원이었다고 하나 집안 형편은 펴지지 않았다. 월급날은 아직 멀었는데 쌀독의 바닥은 긁히기 일쑤였다. 고봉으로 밥그릇 수북하게 담아본 일 없이 연년이 춘궁기였다. 냉이, 쑥, 달래를 찾아 이 밭 저 논둑을 헤매다 보니 머리카락이 스르르 흘러내렸다. 비녀가 빠져 버린 것이다. 왔던 길을 되짚어 아무리 훑어보아도 찾을 수 없었다.

한낮에 햇무리가 떴다. 어머니의 몸을 에워싸고 동여매었던 테두리가 해를 가두고 있었다. 시작도 끝도 보이지 않는 그 굴레는 당신의 숨통을 얼마나 조였으랴. 민들레, 꽃다지도 보이지 않고 종달새의 지저귐도 들리지 않았다. 그러나 낙담하고 있을 수만은 없는 일, 나무 꼬챙이를 비녀 삼아 머리를 틀어 올리고 집으로 향했다.

"내 것이 되지 않으려고 그렇게 찾아도 보이지 않은 것인가 보다."

그렇게 체념하셨다. 아버지께 죄송하고 의미로나, 값으로나 얼마나 알찌근했으랴. 그 후 다시 은비녀는 당신 머리에서 볼 수 없었다.

6·25는 이 산골까지 새로운 문화를 퍼트렸다. 많은 사람이 긴 머리카락을 자르고 뽀글뽀글 볶았다. 우리 고장 시장통에도 미장원이 생겼다. 쪽 찐 머리보다 파마머리가 훨씬 많아졌다. 하지만 어머니는 꼿꼿하셨다. 부모님으로부터 받은 몸에 털끝 하나도 건드리지 않으셨다. 찬물로만 세수하시고 맨얼굴로 평생을

사셨지만, 새벽이슬에 젖은 박꽃처럼 청초했다.

돌아가시기 얼마 전이다. 어머니가 산발을 하고 계셨다. 그 많던 머리숱은 온데간데없고 길고 가느다란 천을 보태 땋아야 비녀를 꽂을 수 있었다. 그 몇 올 안 되는 머리카락마저 싹둑 자르셨다. 잘 견뎌온 지난날 삶의 흔적이 빛바래 오래된 사진처럼 남루하기 그지없다. 나이 듦과 늙고 병듦은 인간의 존엄성을 송두리째 앗아 갔다. 마지막까지 붙잡으시려던 하나 남은 자존심마저 인정사정 두지 않고 허물어뜨렸다.

얼마나 마음이 상하셨으랴. 부모님에게서 물려받은 그 몸 그대로 저승에서 뵙게 되길 그토록 원하셨건만 야속도 하다. 해묵은 가설극장 포스터처럼 작은 바람에도 금방 떨어질 것만 같은 가녀린 숨소리, 볕발 좋은 날 무서리가 당신 몸을 서서히 식게 했다. 빈 등걸이 되었다. 인류의 질서야 죽음과 태어남으로 이어지는 것이 당연하지만, 추수 끝난 가을 들녘처럼 가슴이 휑하다. 쫓기던 가을이 겨울의 품에 안길 날이 머잖아 보인다.

산

산, 산은 생존의 모태다. 온갖 나무와 풀과 돌과 물까지 품는다. 모든 생명체가 생을 영위할 수 있는 보고寶庫다. 이른 봄, 산에는 온갖 향기가 넘친다. 백합과의 원추리와 비비추를 시작으로 나무줄기가 화살처럼 생긴 화살나무의 홑잎나물, 쌉싸래한 향이 일품인 참나물, 봄나물의 왕 두릅과 엄나무 순, 여기서 어쩌다 만날 수 있는 도라지, 더덕, 당귀는 산에서 타는 복권이다.

이렇듯 산이 주는 보배들이 산골 아낙들을 불러들인다. 그날 채취한 나물은 바로 먹지 않는다. 저녁에 삶아 밤새 물에 우려 독을 뺀 다음에야 먹는다. 이런 지혜는 숱한 시행착오를 거치면서 경험으로 터득한 삶의 슬기이리라. 봄이 깊어지면 다래순, 취나물, 곤드레, 고비, 고사리 등 건채할 나물을 채취한다.

새벽밥 지어먹고 집을 나선다. 이슬이 아랫도리를 다 적시는 이른 아침나절부터 산에 오른다. 참꽃으로 목을 축인다. 어느새 해는 정수리 위다. 한겨울을 견디고 갓 돋아난, 날로 먹을 수 있는 삽주, 딱주, 참나물, 당귀 줄기라도 하나 건지면 수라상이 부러우랴. 바위 틈새 물이라도 만나면 금상첨화다.

싱그러운 푸른 산이 쪽빛 하늘을 떠받친다. 여름 산에서는 청춘의 왕성함을 느끼고 초복이면 겨울을 준비한다는 자연의 순리를 일깨우는 계절이다. 장마 때는 물을 한껏 품는다. 한여름 뙤약볕에 모든 생명체가 목마르지 않게 골골이 물길을 내어주어 가을을 풍요롭게 맞을 수 있도록 도와준다.

가을 초입이다. 더위가 물러가고 바닷물이 차가워지기 시작하면 산은 송이, 능이, 싸리버섯 등 각종 버섯을 선물한다. 신갈나무, 떡갈나무, 갈참나무의 열매 도토리는 요기療飢를 때우는 요긴한 먹거리였다. 큰 나무 타고 올라가 쳐다만 보고 아쉬웠던 머루랑 다래, 오미자도 가을 산이 주는 즐거움이다.

가을걷이가 끝나면 겨울이다. 감나무 끝에 남겨둔 서너 개 까치밥 표피에 하얀 성에가 솟을 때면 산을 찾는 사람이 많아진다. 나무가 유일한 난방 재료였다. 고사목을 적당한 크기로 잘라 지게에 지고 온다. 톱으로 자르고 도끼로 팬 다음 처마 밑까지 쌓아야 겨울 준비 끝이다. 얼음을 깨고 물을 긷고, 빨랫돌 위에서 빨래를 두들기려면 방망이가 언 손에서 미끄러졌다. 이렇듯 혹

독한 겨울도 시간이 지나면 잠들지 않은 살얼음 속 개울물이 봄을 깨운다.

우리 집의 산은 어머니다. 동해의 일출과 월출을 가장 먼저 볼 수 있는 일월산 자락 영양에서 태어났다. 하늘을 괴고 있는 일자봉과 월자봉 두 봉우리는 준엄하게 솟아 주민들이 신성시했다. 산 높고 골 깊고 물 맑은 넓은 터전에서 한여름 밤 지붕 위의 박꽃처럼 한없이 청초하게 자랐다. 산은 놀이터요 친구였다.

강남 갔던 제비가 돌아온다는 삼월 삼짇날, 열여덟 살 어머니는 안동 예안의 동갑내기 아버지를 만나 언약을 맺었다. 다섯 형제만 있는 가정의 셋째 며느리로 시집왔지만 결혼 생활이 그리 수월치만은 않았다. 어른 모시고 시동생들을 보듬으며 우리 삼남매를 품어야 했다. 밖으로 도는 아버지를 대신해 가정의 구심점이 되었다.

들일이야 남정네 몫이지만 집안일은 여인들 일이다. 밤늦도록 베를 짜지만 승새 고운 옷감은 걸쳐 볼 엄두도 못 내고 올 엉글고 거친 옷도 감지덕지한 세월이었다. 일제 치하에서는 놋그릇을 아궁이 속에 파묻어가며 지켜야 했다. 약소국의 원한이 하늘을 찌르는 통한의 세월을 어머니는 집안의 큰 산이 되어 지켜내셨다.

해방의 기쁨도 잠시였다. 6·25전쟁에 두 시동생을 전장으로 보내야 했다. 피난민과 엉킨 생활에 홍역이 돌았다. 어린 나이에

생을 끝내야 하는 이웃들의 아픔 속에 내 새끼를 지켜야 하는 애끓는 모정은 슬픔을 함께하고 있을 수만은 없었다. 다행히도 어머니의 피붙이 우리 삼 남매는 무사히 넘겼다.

어머니는 아버지를 15년여 먼저 보내 드렸다. 그 뒤로는 자손들의 궂은일 하나 겪지 않으시고, 84세의 짧지 않은 세월을 사시고 짚불 사그라지듯 그렇게 가셨다. 모든 후손이 지켜보는 가운데 눈을 감음으로써 우리 집의 큰 산은 조용히 내려앉았다.

이제 곧 봄이 올 것이다. 나무에는 물이 오르고 새순들은 온 산천과 들녘에 온갖 향기를 흩뿌릴 것이다. 하지만 한번 내려앉은 우리 집의 큰 산, 어머니는 다시 솟아오를 줄 모른다. 부모도 형제도 함께할 수 없는 그 길을 홀연히 떠나신 그 세월이 어언 서른 번째 봄이다.

신

신발장을 열었다. 신고 나갈 만한 게 마땅찮다. 현관 바닥에서 천장까지 장이다. 맨 꼭대기 칸은 디딤판을 놓아야 할 만치 높다. 이곳이 신발로 꽉 차 있다. 철 따라, 유행에 맞춰 사지도 않았다. 유명 메이커나 크게 비싼 신발이 있는 것도 아니다. 없애야 하는데 그러질 못한다. 이래서 아깝고 저래서 못 버린다. 또 언젠가는 신을 일이 있을 것만 같아 집어 들었다가 그대로 두기 일쑤다. 둘만이 사는 집의 신발장이 이렇다. 이들을 볼 때마다 내 마음은 적지 않은 죄책감에 잠긴다.

어머니에게는 산이 일터였다. 우리 집은 땅이 없었다. 농사철이 되어도 농사일과 아무 상관이 없었다. 계절이 따로 없다. 비 오는 날이 공치는 날이고 눈 덮이면 쉬셨다. 아버지는 출근하시고 우리 삼 남매는 학교에 갔다. 아침 일찍 도시락 싸 들고 모두

나가면 산으로 향하셨다. 우리가 살았던 문경 가은은 사위가 산으로 둘러싸여 고개만 들면 산이었다. 그 산에 가실 때 엄마 발에는 다 떨어진 백고무신이 걸쳐 있었다.

어머니는 늘 헌 신을 신고 있었다. 새로 샀을 때는 새 신이었을 텐데 새것을 신으신 모습을 본 기억이 없다. 그것은 혹여라도 친정 갈 일이 생겼을 때를 대비해 아끼시느라 그리하셨나 보다. 궁색한 살림살이가 들통나 부모님께 심려 끼칠까 염려해서 고이 모셔 두지나 않으셨었는지. 길은 험했고 태반을 걸어 다녔다. 돌부리에 걷어차이고 나무 꼬챙이에 걸리면 찢어지기 일쑤였다. 무명천을 대고 버선볼 받듯이 고무신도 기워 신으셨다. 바늘자국이 난 곳은 더 잘 떨어졌다. 하지만 별다른 도리가 없으니, 궁여지책으로 그렇게 해서라도 신으셔야 했으리라.

달력은 달랑 한 장이었다. 가운데는 큼지막하게 우리 지역 국회의원 사진이 차지하고 나머지 부분에 열두 달이 빼곡히 박혀 있었다. 국회의원에 출마하는 높은 사람들은 이 달력 한 장과 고무신 한 켤레로 표를 샀다. 선거철만 되면 새해에 집집마다 흰 신과 둘둘 만 종이를 돌렸다. 그것이나마 얼마나 고마웠으랴. '소금 먹은 사람이 물 켠다.'는 말이 있다. 나약한 민초의 마음은 선량했다. 그들은 비전을 보이고 공약을 내세우는 것이 아니라 작은 것으로 큰 것을 얻어가려 했다. 무전無錢은 유죄有罪였다. 따져보고 표를 찍는 여유를 부릴 그런 여력은 없었다.

봄은 씨오쟁이의 씨앗을 살피는 농부의 손끝으로부터 먼저 왔다. 마당 한쪽 구석에 묻어 두었던 무광 속의 무에 노란 무순이 한 뼘씩 자라고 속에 바람이 들면 맛이 없어졌다. 김치광 지붕을 걷어내고 독을 땅속에서 파내어 소독하고 장을 담그면 봄이 봉당 앞까지 왔을 때다. 해토된 땅에 물을 대고 못자리를 만들면 물꼬 가장자리 따뜻한 곳에 개구리가 알을 깐다. 이때쯤이면 산이 어머니를 불러들였다.

동토를 헤집고 새순이 돋는다. 잠자던 가지에 물이 오르면 걸판지게 상이 차려졌다. 그러면 엄마는 치맛말기를 힘주어 매고 다래끼에 보자기까지 챙겨 산으로 향했다. 무명천을 대고 기운 신발이 튼튼할 리 없다. 다 낡아 빠진 신에 새끼줄을 동여매고 너덜 산을 누비셨다. 가시에 찔리고 돌에 차였다. 굳은살로 다져졌겠지만 얼마나 불편하셨으랴.

다래끼는 어깨를 누르고 보따리는 허리를 조였다. 산을 조심조심 내려와 내를 건너고 철길로 오른다. 철길의 침목은 반반했다. 찔릴 일도 걸릴 일도 없으니 특히 엄마에게 이 길은 퍽이나 고마운 길이었을 것이다. 기차가 모퉁이를 돌면서 기적을 울렸다. 꽥~~, 그 소리를 듣고 레일 아래로 내려섰다가 차가 지나가면 다시 올라갔다. 자주 다니지는 않았다. 사람들은 차가 오가는 시간을 피해 대부분 그 길로 다녔다. 이곳을 운행하는 기관사들도 다 알고 있어 일부러 기적을 울려 피할 시간을 주었음이랴.

인도나 농로가 따로 있지 않고 또한 가장 빠른 지름길이니 그럴 수밖에 별다른 도리가 없었으리라.

봄나물로 상이 차려졌다. 형체만 있는 신을 걸치고 이 산 저 산을 누빈 어머니 덕이다. 당신이 할 수 있는 최상의 길을 찾아 최선을 다해 가정을 꾸리려 애쓰셨다. 독이 든 나물은 삶아 물에 담가 두고 바로 먹을 수 있는 나물만으로도 저녁상이 푸짐했다. 삶아 무치기도 하고 생으로 먹기도 했다. 원추리로는 국을 끓이고 참나물, 삽주, 딱주는 생으로 먹었다. 어쩌다 귀한 두릅을 채취해 오실 때도 있었다. 이것을 살짝 삶아 초고추장에 찍어 먹으면 쌉싸래한 향이 입에 착 감겼다. 어머니는 늦봄까지 산에서 사셨다. 춘궁기, 나물 먹고 물 마시고 허기를 때우셨다. 다 떨어진 신 따위는 안중에도 없었다. 직장에서 학교에서 돌아와 맛있게 먹을 가족들 모습에 힘든 줄도 모르고 집으로 가는 걸음을 재촉하셨으리라.

7월의 대지에 내리는 비는 풀빛이다. 이 비가 그치면 삼복三伏이다. 월복越伏일 때는 입추가 복 안에 든다. 이때만 지나면 가을이다. 버섯은 습한 데서 잘 자랐다. 싸리버섯, 굽더더기, 느타리 등이 다래끼에 담겨 왔다. 능이, 송이는 일 년에 한두 번 정도 맛볼 수 있었다. 더덕, 잔대, 도라지 같은 알뿌리도 가끔 캐 오셨다. 도토리, 산초, 제피, 오가피 등 산 열매로 다래끼가 그득 차 있었다. 이 계절은 겉으로 드러나지 않는 어머니 품속같이 푸근했다.

뿌리 65

어머니는 이 풍성한 계절이 떠나는 것이 몹시 안타까웠을 것이다. 하지만 늦가을 바람은 여축없이 겨울을 몰고 왔다. 아무리 찬 기운이 대지로부터 올라와도 산으로 가는 발걸음을 멈추지 않으셨다. 눈이 쌓이지만 않으면 집을 나섰다. 소나무를 거피하고 등걸을 자르고 삭정이를 모으셨다. 언 발에 질질 끌리는 신발을 신고, 산 아래까지 내려놓으면 아버지가 지고 오셨다. 그래도 우리 집의 겨울은 춥고 배고팠다.

'가난은 나라님도 못 말린다.'고 했다. 그러나 지금은 부모님 세대의 노력과 덕으로 모든 것이 풍족하다. 변변한 신 하나 없으셨던 어머니, 신발장을 열고 무엇을 신어야 할지 고민할 때면 죄스러운 마음에 쉽게 버리지 못한다. 고봉 준령에 숱한 애환 남기고 간 무명 산악인의 발 못지않게 고됐을 내 엄마의 발, 옹이 박이고 굳은살 진 그 발에 딱 맞는 포근하고 따뜻한 등산화라도 하나 마련해서 택배로 부치고 싶은 날이다.

아궁이

봄 햇살 담뿍 받은 뜰이 따뜻했다. 야트막하게 와서 엎은 산자락에 조개껍데기 같은 초가가 납작 엎드려 있다. 아이들은 마당가에서 두꺼비집을 짓고 놀았다. 그것이 어른들의 개숫물 한 동이에 흔적 없이 사라졌었다. 아궁이의 재는 삼태기에 담아 논밭에 뿌렸다. 그 재와 같이 그 집을 지키던 사람, 아이, 두꺼비집까지 모두 추억의 무덤 속에 묻혔다. 마지막 남은 낡고 작은 집도 곧 소멸하고 말 것이다. 지금 농촌에는 사람이 없다. 빈집이 지천이다.

해가 서산에 걸렸다. 일과를 끝낸 가장의 어깨는 무겁다. 다리가 천근이다. 저녁연기 피워 올려 허기진 배에 힘을 주게 했던 굴뚝도 자취를 감추었다. 삶의 마지막 숨결이 남아 있는 집들이 곰팡이 낀 흙벽에 배어 있는 사연을 안고 홀로 늙고 있다. 몇 백

년 고인 세월이 가라앉은 집은 외로움에 폭삭 주저앉았다. 젊은 이는 찾아보기 힘들고 아기들 울음소리 멎은 지 오래다.

부엌에는 불을 먹는 입이 있었다. 아궁이다. 나무로 난방과 취사를 하던 시절, 국유지 동네 산은 본인 산을 가지지 못한 사람들의 텃밭이었다. 구들장을 미지근하게나마 데우기 위해 퍼석한 가랑잎도 남김없이 긁어왔다. 그 잎은 화기가 아주 약했다. 아궁이 가득 넣어도 게 눈 감춰지듯 사라졌다. 배고픈 사람은 밥을 먹어도 허기가 졌다. 이 불구멍에 허깨비 같은 나무는 아무리 쑤셔 박아 넣어도 새벽까지 온기를 유지하기 어려웠다. 점점 산은 민둥산으로 변해 갔다. 산도 사람도 신음하며 살아온 세월이었다.

국토의 70%가 산지다. 하지만 살아 있는 것, 죽은 것 가리지 않고 먹어 치우는 아궁이로 그 산은 천둥벌거숭이가 되었다. 밥 짓고 군불 때고 난 잔해를 화로에 담았다. 묵은 재는 비워내고 새로 담은 화롯불에 둘러앉아 몸을 녹였다. 밤낮으로 베를 짜도 비단옷 한번 걸쳐보지 못하시던 할머니의 겨울이 서럽던 세월이다. 어머니는 언 손에 묻은 물기를 흰 무명 앞치마에 닦았다. 잿빛으로 물든 서걱거리는 그 옷에 차가운 겨울 외풍이 따라 들어왔다. 우수수 문풍지를 할퀴는 매운바람 소리에 서로의 등을 대고 추위를 견뎠다.

산에는 나무가 엉성했다. 산이나 집이나 헐벗기는 매한가지였다. 허리띠를 졸라매고 논밭을 가꾸고 나무를 심었다. 산에는 나무가 빽빽하게 들어섰고 황금 들판은 넘실댄다. 살림살이가 피자 아궁이는 사라졌다. 전기밥솥 스위치만 누르면 밥이 되고, 그을음 나지 않는 불로 지지고 볶고 온갖 맛난 것 다 하는 세상이다. 눈물 콧물 흘리며 입으로 바람을 불어넣어 불씨를 살려야 했던 때는 먼 옛이야기가 되었다.

 그 산이 불타고 있다. 아궁이가 먹어 치우지 않아 쌓인 나뭇잎은 불쏘시개 되어 진화에 애를 먹는다. 산 능선을 따라 불의 고리는 끝없이 이어진다. 몇 날 며칠 타는 불은 산맥을 넘고 도로를 건너 도 경계를 덮칠 때도 있다. 집을 집어삼키기도 하고 우리의 유명한 문화유산을 한 줌의 재로 만들어 버리기도 한다. 더러는 사람 목숨을 빼앗기도 한다. 하지만 산은 휑한 가슴과 억울한 마음을 가진 사람이 기대는 곳이며, 국가의 유용한 자원으로 살피고 가꾸어야 할 의무가 우리에게 있다.

 삶의 방식이 바뀌었다. 손가락 터치 한 번으로 불을 붙이고 불꽃도 없는 불로 조리하는 세상이다. 입 하나 줄이는 것이 논 한 뙈기 장만하는 것보다 낫다고 했다. '목구멍이 포도청'이던 시절이 있었다. 그 시절이 채 한 세기도 지나지 않았다. 음식물 쓰레기가 넘쳐난다. 충분히 먹을 수 있는 것을 버리는 것을 보면 죄 짓는 것 같아 마음이 언짢다. 아무리 시대가 변하고 기술이 발전했다고 해도 불이 없으면 살아갈 수 없다. 형태가 바뀌었을 따름이지 그 기능은 그대로다. 새로운 아궁이는 더 큰 무게로 가장의 어깨를 짓누른다.

된서리 올 밤처럼 별빛이 차갑게 내렸다. 유난히도 시리고 춥던 어느 해 겨울이었다. 밤이 이슥한 무렵에 여러 날 집을 비우셨던 아버지께서 귀가하셨다. 그런데 구들목 이불 속이 비었다. 금방 지은 밥같이 김이 모락모락 올라오는 놋 옥식기에 담겨 있어야 할 밥이 없었다. 저녁을 짓지 못하였는지 아니면 지었더라도 남겨두기가 곤란하였는지도 모른다. 밥이 모자라 다 먹어도 배가 차지 않았을 자식 입에 밀어 넣을 수밖에 없었거나 그도 아니면 멀건 죽으로 한 끼 때웠을 수도 있다.

어머니께서 서둘러 밥을 지으려 하셨다. 그런데, 아궁이에 불을 붙이려 하자 아버지께서 물을 한 바가지 부어 버렸다. 가장이 집을 비웠는데 요療를 챙겨 놓지 않아서 몹시 화가 나셨다. 잠든 사람 요療는 없어도 집 나간 식구의 요療는 챙겨 두어야 밖에서도 끼니를 거르지 않는다고 했다. 젖은 아궁이에 눈물 반 콧물 반으로 밥을 지어야만 했을 내 엄마, 가족을 돌보지 않았다는 원망만으로도 하늘을 찌르고 남았을 텐데, 잘 불붙지 않는 아궁이 속보다 더 젖었을 그 속이 얼마나 썩어 문드러졌으랴.

아궁이의 불을 화로로 옮겨 담는다. 놋쇠 화로에는 화젓가락과 쇠 주걱이 있었다. 불씨를 꺼트리지 않고 오래 보존하기 위해 꼭꼭 다져서 사랑과 안방에 모셔 둔다. 살아 있는 것들을 죽여서 다른 생명을 보존하기 위해 불태워진 잔해는 또 다른 생의 탄생과 유지에 희생을 감내한다. 화로에서 할 일을 다한 재와 부엌 아궁이에서 사그라진 잔해는 뒷간의 잿더미에 보태진다. 가족을 위한 아낙들의 삶이 녹아 있는 거름은 들로 나가 뿌려져 자신의 할 일을 끝맺으면서 새 생명을 키운다.

 안동에서 상주로 이사를 하셨다. 조상 대대로 터 잡고 살아왔던 고향을 등졌다. 그것은 손톱 밑 가시가 되어 평생 가슴을 옥죄는 응어리로 남아 속 편할 날이 없었다. 그곳은 일제 말, 격랑의 세월을 삶의 비애와 황량함에 묻혀 살아야 했던 중간 기착지에 불과했다. 한시도 아궁이에 불을 넉넉히 지피거나 뒤주에 곡식을 쌓아 놓지 못하고 사셨다. 바닥난 쌀독을 몰래 들여다본 가장의 어깨는 얼마나 무거웠으랴. 죽어서 백골로 고향에 돌아가신 내 할아버지, 그 발치에 후손들도 누워있다. 떨어지지 않는 그림자처럼 침묵하고 있는 곳, 참 그 고향이 뭔지 혈연이 뭔지 죽어서도 돌아가야 할 곳이 그곳인가 보다.

 조개는 밤새워 해감을 해야 한다. 그래야 모래가 입안에 서걱거리지 않는다. 이별도 그렇게 시간을 두고 시나브로 해야 하는 것, 그런데 고속열차 안에서 바라보는 바깥세상보다 시속時俗이 빠르게 지나간다. 할아버지께서는 아침 일찍 기상하시어 가마솥 아궁이에 불을 지피셨다. 집안에 온기를 돌게 해 밥 지으러 나온 며느리가 서글프지 않게 하셨던 할아버지. 군불 땐 구들목에는 늘 이불이 깔려 있었다. 식구 수대로 발을 묻고 살을 비볐다. 살냄새 맡으며 서로의 온기를 나누었다. 아궁이와 함께 늙어버린 삶, 그저 그리워할 시간으로만 존재하는 유년의 한때가 망막을 흐리게 하며 가슴을 서걱이게 한다.

  곧 봄이다. 밭 갈고 논에는 물 댈 때다. 봄 햇살이 봉당에 찰랑거리면 할아버지께서는 볍씨를 물에 담그셨다. 밥숟가락 수북하게 해본 일 없이 마디게 키운 자식들 배곯지 않게 되기를 비셨을 것이다. 아궁이마다 끌어모은 재를 들로 내셨다. 씨 뿌리고 거름 주며 풍년이 들기를 기원하며 손에 잡은 모에 힘을 더했다. 물로 채운 배가 허기를 면할 리 없지만, 그래도 봄은 희망이었다.

손끝에 혼을 담다

단군의 후예는 손끝이 맵다. 여인은 손끝에 혼을 담아 옷을 지었다. 명절은 한복이 맵시를 뽐내는 날이다. 풀 먹여 다듬질한 명주를 밤새워 마름한다. 이 베는 바탕이 가늘고 고와 애써 공을 들여야 했다. 하루치 바깥일이 끝이 나야 호롱불 아래 앉는다. 인두는 놋화로에 깊숙이 묻어 둔다. 일에 치이는 때이지만 그런 와중에도 어른 섬기고 자식에게 맛난 것 배불리 먹일 수 있는 넉넉한 날이니 힘들기만 하지는 않았을 것이다.

명주실을 이빨로 톺는다. 한쪽 눈을 지그시 감고 다른 쪽 눈을 찡그려야 가늘고 짧은 바늘에 실을 꿸 수 있다. 저고리 맵시는 깃과 섶에 달려있다. 특히 깃은 솜씨를 낼 수 있는 가장 중요한 위치다. 적당하게 모서리를 굴린다. 그 선 따라 곱게 홈질하고 살짝 잡아당기면서 모양을 잡는다. 제자리에 어긋나지 않게 풀로 먼저 붙이고 안으로 바느질 땀이 보이지 않게 공그르기한다. 그러고는 인두판 위에 올린다.

"찌지직."

화로에서 달궈진 인두를 옆에 곱게 개켜둔 물수건에 올려 온도를 조절한다. 그런 다음 깃 솔기 안으로 넣고 가장자리 따라 바람길을 냈다. 깃이 안지에 착 달라붙어 납작해지지 않게 맵시를 내야 바느질 좀 한다는 소리를 들을 수 있었다.

안과 밖을 이어 붙인다. 안소매 쪽에 남겨둔 숨구멍으로 뒤집고는 반반하게 펴 자리를 잡고 고름을 단다. 다 된 섶코에 실을 끼우고 잡아당기면 거의 완성이다. 실을 잡은 손에 힘을 가하는 기술은 가히 예술이다. 그 실은 옷을 입는 날까지 빼는 법이 없었다. 바늘에 찔려 빠짓이 솟는 선혈을 혀로 핥으면서도 아픈 줄 모르고 혼을 불어넣었다. 마지막으로 동정 다는 일만 남았다.

여름 모시 두루마기는 다림질로 마무리한다. 아침이슬에 습기가 촉촉하게 스며들면 솔기가 겹치지 않게 개켜서 밟아 두었다. 다리미는 자루 달린 대접 같았다. 여기에 아궁이에서 숯불을 담아온다. 어른들은 아래쪽 넓은 곳을 잡고 아이들은 위쪽 좁은 곳을 잡았다. 불 담긴 다리미가 아래위를 왔다 갔다 하면 잠자리 날개 같은 날렵한 옷이 완성되었다.

처서가 지나면 모시 손질법이 달라진다. 여름 모시는 다림으로써 올 사이에 바람구멍을 내고, 선선한 바람이 북쪽으로부터 불어올 무렵이면 다듬질로 바람구멍을 막았다. 여인의 손끝에서 나오는 이런 지혜는 오랜 세월 경험에서 왔으리라. 모시 중위 적삼 위에 모시 두루마기를 걸쳐 의관을 정제하시고 사립문을 나서는 할아버지의 발걸음은 잠자리 날개보다 가벼워 보였다. 안채의 정성이 사랑채 남정네의 어깨에 날개를 달아 주었다.

남녀의 옷은 여밈이 다르다. 남자의 상의는 왼쪽이 위로 올라오게 짓고, 여자는 반대로 오른쪽이 위로 와야 한다. 한번은 어머니께서 시동생의 조끼를 지으셨다. 그런데 옷을 다 만들고 보니 단춧구멍을 오른쪽에 뚫은 것이다.

"눈 감고도 이런 실수는 하지 않겠네."

가시가 돋친 시동생의 질책은 가슴을 찔렀다. 밤새워 메우고 다시 반대쪽에 뚫었다. 구멍 뚫었던 곳에는 단추를 달고 감쪽같이 해내셨다. 오누이로 자라 큰살림 휘두르는 솜씨는 없으셨는지 모르지만 꼼꼼하고 정확하셨다. 그 솜씨로 한 번도 접해보지 않았던 내 중학교 교복도 손수 만들어 주셨다. 눈이 자[尺]고 어림이 짐작이었다. 어머니도 단군의 후예임이 틀림없으셨다. 손끝은 야무지고 매웠다.

백의白衣는 동정에 살아 있다. 흰 천을 적당한 크기로 자른다. 도화지보다 조금 두터운 종이를 옷의 모양과 크기에 따라 오려서 인두판 위에 올려놓고 눌러가며 붙인다. 깃 위에 옷 주인의 세 손가락 정도 너비로 띄우고 동정을 앉힌다. 그런 다음 안쪽으로 홈질을 한 후 겉쪽으로 넘겨서 공그르기로 정성을 다해 마무리한다. 바느질한 실이 종이 겉으로 나오면 안 되었다. 종이 안쪽 천에 살짝만 걸쳐 표나지 않게 꿰매야 했다.

"그 집 새색시는 동정 달 줄도 모른대."

"동정이나마 제대로 달려는지 모르겠습니다."

시집보내는 친정 부모는 서툰 솜씨로 책이라도 잡히지 않으려나 모든 게 걱정이었다. 동정 하나만 제대로 달면 나머지 바느질 솜씨는 염려하지 않아도 된다는 얘기기도 했다. 직선이 고대를 돌아 곡선을 만들며 한국인의 강인함과 절개의 표상으로 자리매김한다. 동정은 백의민족의 징표이다.

섣달그믐이면 묵은 먼지를 털어내고 새날을 맞았다. 풀 냄새 나는 새 옷으로 갈아입고 흰 고무신에 외씨버선을 신은 발이 차갑도록 예뻤다. 소슬바람이 여덟 폭 치마 끝자락을 들춰 발목이라도 살짝 보이는 날엔 소름이 돋는다. 단호한 모습 뒤 여인의 마음마저 들춰지는 느낌에는 오싹한 아름다움이 숨어있다.

곧 세모歲暮다. 정성 들여 지은 옷 차려입고 조상께 해가 바뀌었음을 고했었다. 깜냥도 되지 않으면서 넘치게 욕심내지나 않았는지, 순례하는 마음으로 걸어온 길을 뒤돌아본다. 오래 묵은 세월의 켜에 또 한 해를 더해야만 하리라. 재촉하지 않아도 빠르게 달리기만 하는 내 시간의 긴 침 앞에 마음자리를 아래로 넓고 깊게 가질 것을 다짐해 본다.

어머니 떠나시던 날

눈이 많이도 내렸다.

34년 전 음력 정월 초나흘, 눈 오는 날은 포근하다고 했는데, 칼바람은 밖에서 일하는 사람들의 손등에 얼음을 번들번들 얼게 했다. 밖은 매섭게 춥고 안은 따뜻했다. 눈은 그칠 생각을 않았다. 이틀, 사흘, 따뜻한 방 안에서 시신을 지키고 있는 사람들의 마음은 살얼음판 위를 걸었다. 빨리 보내 드려야 하는데 하늘이 막는다.

어머니는 3년 가까이 자신을 챙기지 못하셨다. 종이만 보면 다 찢으셨다. 일부러 묵은 신문지를 한 아름씩 가져다드렸다. 어쩌다 가끔 우리 집에 와 계실 때 종이가 옆에 없으면 장판을 가만두지 않으셨다. 어떻게든 그 단단한 바닥에 틈을 내 찢으려고 하셨다. 못다 푼 무언가가 엄마의 가슴에 응어리로 남아 있는 것은 아닌지 마음이 쓰렸다. 또 한번은 이런 일도 있었다. 사위는 백년지객이고 딸네 집은 남의 집이었다. 방마다 다 찾아도 보이지 않았다. 생전 열어 보지도 않고 이것저것 잡다한 것을 넣어두는 창고로 쓰는 방이 있었다. 혹시나 하여 그 방을 열어 보았다. 한 사람 누울 정도로 방을 치우고 거기에 누워 계셨다. 항상 사람은 있을 곳에 있어야 한다고 말씀하셨다. 그 정신은 몸이 성치 않아도 의식 속에는 그대로 살아서 엄마를 옥죄고 있었나 보다.

　이렇듯 앉을 자리 누울 자리가 분명한 어머니셨다. 이런 어머니의 방에 양변기가 한쪽 구석을 지키고 있었다. 그런 엄마에게서 냄새가 났다. 친정집 횃대에 걸려있는 엄마 옷 잡고 눈물짓던 그 냄새가 아니었다. 내 엄마가 사람들이 싫어하는 냄새를 품고 계셨다. 이럴 수는 없는 일이고 이래서도 안 되는 일이었다. 박꽃 같은 소녀셨다. 혹독한 일제강점기와 피로 얼룩진 6.25를 온몸으로 겪어야 했다. 시동생 둘과 하나뿐인 남동생을 전장으로 보냈다. 서럽고 모질었던 인고의 세월은 그녀를 더욱더 단단하게 다졌다. 마음은 한 치의 흔들림도 없으셨다. 천년을 산다는 학보다도 고고했다. 그랬던 어머니가 100년도 못 채우고 죽음의 언저리를 맴돌았다.

　그때는 병원에 있다가도 임종이 가까워져 오면 집으로 모셨다. 객사客死는 있을 수 없는 일이었다. 요즈음은 숨 떨어지기 전에 시각을 다투어 병원으로 모신다. 아니 아예 병원에서 죽을 날을 기다린다. 참으로 격세지감이 심한 세월이다. 어제까지 따뜻한 체온을 맞대던 어머니를 언 땅속에 묻지 못해 안절부절못했다. 이틀간 눈은 더 내렸다. 삼일장을 못 치르고 4일장으로 했다. 장례는 3, 5, 7 홀수로 하는데 현대의 사회 구조는 그렇게 놔두지 않았다. 멀리서 온 집안 친척들이며 직장은 시간을 다그쳤다.

어머니를 고향 선산으로 모셨다. 차창 밖은 온통 눈 세상이었다. 마지막 가는 길에 이렇게 깨끗하고 하얀 것만 보고 가시려고 그리 눈을 몰고 오셨나 보다. 비포장도로 산길은 엉망이었다. 질퍽한 흙길에 차바퀴가 빠졌다. 상주喪主고 문상객問喪客이고 가릴 처지가 아니었다. 모두 내려 차를 밀었다. 비탈진 장지로 오르는 길에 혹여 관이라도 떨어뜨릴까 봐 마음 졸이며 운구를 마쳤다. 품에 안고 젖 먹이고, 등에 업고 오줌 받아 가며 키워 주신 어머니를 언 땅속에 묻었다. 그런데 배가 고팠다. 스스로가 저주스러웠다. 어떻게 이럴 수가 있단 말인가? 어머니가 죽어서 슬프기보다 내가 미워서 눈물을 펑펑 쏟았다. 나는 어머니의 발뒤꿈치에도 못 미친다.

땅이라고는 두 발 디딜 만큼도 없었다. 우리가 살고 있었던 오막살이도 땅은 우리 것이 아니었다. 1년에 한 번 세를 냈다. 아버지는 월급봉투를 집에 가지고 오는 법이 없었다. 월급날에는 투

전장이나 술집부터 찾으셨다. 또한 가끔은 시앗을 데리고 집으로 왔다. 술상을 차려야 했다. 어머니는 술이라고는 입에도 못 댔다. 목을 베는 울분을 꼴깍꼴깍 삼켰다. 활화산과 같은 울화를 산에서 풀었다. 산은 그녀를 품고 많은 것을 주었다. 뿌리도 주고, 나무도 주고, 잎도 주고, 열매도 주었다. 화는 삭이게 해주고 집으로 돌려 보냈다. 산에 기대 사셨다. 어머니만 바라보는 삼 남매의 초롱초롱한 눈망울에 이슬이 맺히게 할 수는 없었다. 사람이 당하면 다 겪게 마련이라고 한다. 하지만 다 그렇지는 않을 것이다. 어머니의 인내심은 바다보다 깊고 산보다 높았다. 나는 흉내조차 내지 못한다. 그냥 우러러볼 뿐, 어머니는 그저 나의 큰 산이다.

애들과 함께 부모님을 뵈러 갔다. 그날처럼 눈은 없고 봄이 한창 물오르려는 한식이었다. 묘지에서 바라보는 안동호는 정말 멋졌다. 시집가면 그 집 귀신이 되어야 한다는 조선 여인의 숙명을 거역 못 한 어머니는 아버지 곁에 묻혔다. 미움도 원망도 다 이승에서의 일, 한 줌 흙으로 돌아가셨으니, 이제는 두 분 다 편안하시리라. 애틋하던 정도 긴 세월 속에 속절없이 옅어졌다. 30여 년이 지난 무덤가에서는 슬픔조차 바래어지는 시간이 또 다른 슬픔으로 다가왔지만, 눈물이 나지 않았다.

흙이 푸슬푸슬하다. 얼었다 녹기를 수십 번 한 묘봉 잔디가 새싹을 틔운다. 남풍에 실려 온 습기에 봄이 깊어지고 있다. 칼바람을 헤치고 와 얼어붙은 흙을 파고 묻은 어머니는 한 줌 재가 다 되었을 것이다. 산화된 자양분은 거름 되어 해마다 새 생명을 키우리라. 다시는 만질 수 없는 따스한 체온, 봉분을 다독여 드리고 발길을 돌렸다.

편지

동짓달 긴긴밤에 어머니 기일이 든다. 며칠 전이었다. 그녀의 살붙이 삼 남매와 손자, 손녀, 증손까지 한자리에 모였다. 자식들의 머리에 서리 내린 지 오래고 얼굴에 골 팬 지 한참 지났다. 이별이 길어지니 슬픔은 퇴색되어 회상의 시간마저 덤덤하다. 어둠이 짙게 간 먹물처럼 탁한 시간, 큰오빠가 향을 피우고 정성 들여 쓴 신위를 지방 틀 속에 모셨다. 그는 신위를 사진으로 대신하는 일 없이 매번 백지에 모시기를 고집했다. 어머니는 창호지에 스며들어 병풍에 기대 앉아 후손의 기리는 마음을 읽고 계시려나.

어머니 주머니 깊숙한 곳에는 보물이 있었다. 누구의 손길도 닿을 수 없는 은밀한 곳이다. 엄마만의 귀중한 창고다. 그곳의 몇 장 안 되는 종이는 곧 다 바스러지고 없어질 것처럼 낡았다.

코 푸는 휴지로도 쓰지 못할 그 보잘것없어 보이는 작은 봉투는 항상 따뜻했고 가끔 찾아주는 부드럽고 포근한 손길에 행복해했다. 얼마나 귀한 존재인지는 그것을 꺼내 볼 때 표정에서 읽을 수 있었다.

외할아버지는 훈장님이셨다. 농사일은 항상 외할머니를 앞세워야 들로 나가시는 노동에 서툰 선비였다. 지차 집이라 단출한 식구는 크게 힘든 일이 없었다. 하지만 결혼한 지 8년 동안 자식이 없었다. 그러다가 겨우 생긴 자식도 곧 잃는 아픔을 겪으셨다. 주위에서 소가小家를 두라고 권하는 일까지 있었다고 했다. 그리고 그 후 또 8년 만에 얻은 자식이 어머니였다. 그렇게 귀한 자식인데도 딸에게는 글을 가르치지 않으셨다. 조선의 건국 이념인 주자학은 모질고 독한 쇠사슬이 되어 여자를 옭맸다. '유교'라는 매는 이 땅의 여자를 맷집 좋은 아낙으로 만들었다. 그 힘으로 몇 번의 국난도 거뜬히 이겨냈으리라.

사랑에서 글을 읽는다. 이 소리는 문밖까지 새어 나와 어머니의 귀를 열어 주었다. 스승은 '신하 신' 하는데 학동들은 '신날 신' 하고 복창한다며 왜 그것을 제대로 따라 하지 못하는지 그때의 안타까웠던 마음을 자주 얘기하셨다. 이렇듯 똘똘한 자식이었건만 글 읽는 모퉁이 자리 하나 내주지 않으셨다. 이런 아버지가 야속하기도 하련만 운명을 체념하고 한 번도 원망하는 것을 들어 보지 못했다. 귀동냥으로 만권 장서를 쌓으신 글귀는 우리 삼 남매를 키우는 바탕이 되었다. 훈육의 말씀이 그 시절에 새겨 들었던 소학과 동몽선습, 명심보감 등에 씌어 있던 것임을 안 지는 그리 오래 되지 않았다. 거기다가 머리 한쪽 구석에는 기억의 저장고가 따로 있는 듯도 했다. 집안의 기제사며 생일, 동기 간의 애경사를 잊으시는 적이 없었다. 하물며 일가친척의 일까지 빠뜨리는 법이 없으셨다.

언제 어떻게 한글을 깨치셨는지는 모른다. 하지만 어머니는 그 어설프고 서투른 글씨로 편지를 쓰셨다. 강원도 광산촌으로 돈벌이 간 맏이에게, 객지에서 공부하는 둘째 아들에게, 공부 못 시켜 한으로 남은 딸에게, 군대 간 손자에게도 보냈다. 그 종이는 낡아 문드러질 것같이 빛이 다 바랬지만 어머니의 마음이 녹아 있었다.

30여 년도 훨씬 전이다. 어머니는 군에 간 손자에게 편지를 보냈다. 그 시절 군에서는 외부로부터 오는 편지를 상사가 먼저 보고 본인에게 주었다. 삐뚤어진 글씨로 한 페이지를 다 못 채운 그 작은 종이에는 애틋한 사랑이 무수히 기어다니고 있었으리라. 어떻게 하면 조금이라도 힘이 되어 줄 수 있을지 몰라 애타는 할머니의 마음을 중대장이 읽었나 보다. 손자가 아닌 중대장에게서 답장이 왔다. 대한민국의 의젓하고 당당한 남자로 성장시켜 보내 드릴 테니 염려하지 말라는, 이런 몇 장 안 되는 주고 받은 편지들은 보물이 되어 어머니의 품속에서 호강했다.

육신은 바짝 말라 뼈 위에 살가죽만 씌워 있다. 손을 잡았다. 보드랍던 감촉은 간곳없고 까칠한 뼈만 잡힌다. 반듯하던 이마에는 깊게 팬 주름이, 크고 선량하던 눈자위에는 검은 그림자가 드리웠다. 푸르게 초췌한 입술은 굳게 닫혀 열리지 않는다. 강단으로 억지로 버티고 계시는 듯 보였다. 하지만 힘 빠진 눈동자가 죽음을 재촉했다. 기력이 다한 듯 얼굴에는 핏기가 점점 사라졌다. 사람의 몸이 이렇게 쪼그라들다니, 돌이킬 수 없이 사그라진 잿불 같은 몸뚱이로, 이별은 모질고도 질겼다. 손짓하여 불러들이지 않았건만 죽음은 몽둥이찜질로도 물러나지 않을 것처럼 엄숙히 내려앉았다. 슬하의 모든 후손과 살아서 작별하셨다. 자손이 다 모이자 평온하게 눈을 감으셨다.

초우제初虞祭 때다. 아버지 곁에 엄마를 묻고 돌아온 날 저녁, 여자들은 음식 준비로 한창 바쁘게 움직이고 있는데 두 오빠는 연신 눈물을 훔치며 왔다 갔다 한다. 유품 중에서 편지를 발견했던 것이다. 편지란 편안하고 좋을 때 쓰는 것이 아니다. 가슴 저 밑에 무언가 얽히고설킨 복잡하고 애틋한 사연들을 표출해야 할 때 쓰게 된다. 제상이 차려지자, 큰오빠가 말씀하셨다.

"독축은 어메 편지로 하자."

큰오빠는 항상 엄마라고 부르지 않고 '어메'라 했다. 그 말속에는 맏이로서 책임과 의무, 그리고 무언가 모를 넉넉함이 숨어 있다. 말수는 적지만 따뜻한 마음으로 부모님 떠난 자리를 지키고 있는 오빠가 있어 무척 다행이다.

　각자가 썼던 편지를 본인들이 읽었다. 가슴 저 밑에서부터 북받치는 서러움을 삼키느라 서로의 눈을 맞출 수가 없었다. 눈물 반 울음 반으로 읽어가는 엄마와의 이별은 너무 가슴 아픈 일이었다. 코도 못 풀 그 편지와 어머니를 보낸 세월이 어언 수십 성상星霜이다.

　해가 기운다. 서편 하늘의 구름이 잉걸불처럼 타는데도 춥다. 동짓달 찬 달빛이 길섶 마른풀 위에 눕는다. 앞으로 몇 번이나 더 삼 남매가 한자리에 모여 어머니를 회상할 수 있으려나. 큰오빠는 어느덧 엄마가 유명을 달리한 나이를 넘었다. 셋이 다 그만그만하다. 백세시대라고 떠들어대지만 언제 어떻게 될지 아무도 알 수 없는 것이 이승과 저승을 가르는 일이다. 지방 틀 속에서 만나기 전에 한 번이라도 더 만나기 위해 오늘도 저녁 약속을 잡는다.

그레발

'그레발'은 여분을 뜻하는 고유한 우리 언어다. 아끼고 보존하고 퍼트려야 할 아름다운 이 말이 자주 쓰이지 않아 잊힐 것만 같다. 보와 도리, 서까래 등의 나무를 마름질할 때 원래 치수보다 늘려서 자른 여유분을 가리킨다. 처음부터 길이에 딱 맞춰서 잘라 놓았다가 나중에 맞지 않는 경우가 생기면, 길 때는 잘라내면 되지만, 짧으면 그 나무는 쓸 수 없어 버려야 한다. 이럴 때를 대비해 여유를 두는 선조들의 지혜가 담긴 소중한 우리말이다. 이렇게 나중에 필요 없게 돼 그레발을 잘라 없애는 것을 '그레발을 접는다'고 한다.

"사랑에 손 드셨다."

누군가의 말에 어머니의 손놀림은 한층 바빠지신다. 넓적한 직사각형 모양의 커다란 국수안반 위에는 군데군데 틈이 벌어진 곳도 있었다. 한 발은 넉넉히 되고도 남을 홍두깨의 길이를 넘어 국수 면이 엄마의 손놀림에 따라 춤을 춘다. 밀고 당기기를 반복하면 커다란 컴퍼스로 원을 그린 듯이 면이 늘어난다. 손 몫의 양을 늘려야 한다. 손님 수에 맞춰 홍두깨질 수를 늘리고 물만 더 부으면 대접할 수 있다고 하셨다. 식구들의 몫을 줄이고 그 빈 곳을 물로 채워 길손과 나누는 엄마의 '그레발'이 솜씨를 발한다. 그런 날에는 안반 앞에 쪼그리고 앉아 국수 썰기만을 기다린 나의 국수 꼬랑지가 사라지기도 한다. 손바닥만 하게 남겨주신 꼬랑지를 쇠죽솥 아궁이에 구우면 풍선처럼 부풀어 올랐다. 자칫하면 검게 타 버릴 수도 있기 때문에 꼭 지켜 서서 눈을 떼면 안 되었다. 툭 터트려 바삭바삭 깨물어 먹는 그 맛을 요즘 시대 누가 알랴?

해가 서산으로 기울고 그림자가 키보다 몇 배로 길어질 때 사랑에 드는 이는 묵어가는 손[客]이다. 하루해를 꽉 채워 걸어온 길이니 지친 몸이 쉴 곳을 찾아든다. 우리 가족은 할아버지 때 안동을 떠나 상주에 터를 잡았다. 주로 찾는 이는 고향 손으로 사랑舍廊은 서로의 고달픈 삶의 회포를 푸는 장소다. 무슨 신통한 수가 있을 수 있으랴. 고향을 지키기나 타향에 발붙이기나 힘들기는 매한가지였으리라. 호롱의 심지가 다 타들어 가도록 이야기를 나누어도 짧은 여름밤이 야속했을 것이다.

모든 것이 부족했던 그 시절, 아무리 힘들고 어려워도 사랑손은 묵어가는 것이 당연했다. 국수야 홍두깨질 한 번 더하고 물 한 그릇 더 부으면 된다고 하지만 삼시三時 세끼 때마다 독상을 차려야 하는 부엌 담당 여인의 고충은 오죽했으랴. 할아버지 상에 손주가 밥그릇 올리는 것은 허락되었지만 부부나 부자 겸상은 절대 불가였던 시대다. 어머니께서 부뚜막 가득 소반들을 가지런히 놓고 식사 준비하시던 모습이 지금도 눈에 선하다. 동방예의지국은 여인의 고충과 인내 위에 피어난 문화인 것 같다.

쌀값이 제일 싸고 비축할 창고가 모자란다고 한다. 그런데도 끼니때 남의 집 방문을 자제하고, 묵어가는 것은 특별한 날 동기간에도 드문 일이 되었다.

"언제 밥 한번 먹자."

너무나 쉽게 하는 일상의 인사다. 사 주겠다는 말이다. 집에서 주부의 정성이 깃든 밥상은 멀어진 지 오래다. 배는 부른데 마음은 허하다. 눈물 젖은 빵을 먹어보지 않아서인가? '그레발'은 혹시라도 오차가 생겼을 때를 대비하기 위해 여분을 두는 것이다. 마음의 '그레발'이 점점 사라지는 것 같은 현 세태가 너무 안타까울 뿐이다.

"너희 집에서 밥 먹었던 기억밖에 없어."

지난여름 서울에서 오랜만에 만난 친구의 말이다. 철도 공무원이셨던 아버지의 월급봉투는 두텁지 않았다. 그것마저 온전히 엄마 몫이 아니었다. 주시는 대로 살림을 어렵게 꾸려야 했다. 다섯밖에 안 되는 단출한 식구였지만 엄마만 빼고 도시락을 네 개나 싸야 했는데 가끔은 점심을 걸러야 했던 때도 있었다.

그때 고1이었던 서울 친구는 집에 어려운 일이 생겼었다. 우리 집에 와서 죽치고 있는 날이 많았다. 그래도 엄마는 얼굴 한 번 찡그리지 않으셨다. 밥상 위에 숟가락 하나 더 올리는 것으로 매번 해결할 수 있는 것이 아니었을 텐데도 어머니 마음의 '그레발'은 항상 온기를 품고 어려움을 겪고 있는 친구를 다독여 주셨다.

"어머니께서 살아 계시면 맛있는 것 사드려야 하는데."

친구의 말에 엄마가 더 보고 싶다. 산소에라도 한번 다녀와야겠다. 어머니는 여름이면 저녁 한 끼는 주로 국수로 상을 차렸다. 햅쌀이 나기까지는 아직 한참을 기다려야 하니 쌀을 아껴야 했으리라. 한여름 햇밀가루에 콩가루를 듬뿍 섞어 되직하게 반죽을 하고 오랜 시간 치대어 얇게 국수를 민다. 무쇠솥에 물을 넉넉히 붓고 애호박 송송 썰어 넣어 면을 끓여 냈다. 산그림자가 먹물을 풀어놓은 듯 온 마을을 덮는다. 그렇게 엄마가 해 주시던 손칼국수에 양념장 살짝 얹어 고향이 그리운 옛 친구와 나누고 싶은 날이다. 아무리 먹을거리가 부족해도 내색 한번 하지 않고 손 대접하시던 어머니의 '그레발'이 새삼 나를 돌아보게 하는 오늘이다.

광목 홑청

상강霜降**이다.** 해만 지면 기온이 뚝 떨어진다. 조금 두꺼운 이불로 바꾸려고 이불장을 열었다. 요즘 것은 가볍고 따뜻하고 포근하고 손질하기도 쉽다. 하지만 그것들에 자리를 내주지 않고 50여 년이 지난 지금까지 장롱 밑바닥에서 위를 받치고 있는 침구가 있다. 엄마가 혼수로 만들어 주신 이불이다.

목화가 영글기 시작할 무렵이다. 덜 익은 열매는 달착지근했다. 어른들이 군데군데 핀 목화송이를 따는 가운데 나는 여기저기 뛰어다니면서 덜 영근 꼬투리 찾기에 바빴다. 단물만 빨아먹고는 뱉어 버렸다. 무엇 하나 귀하고 소중하지 않은 것이 없었던 시절, 철없는 짓이지만 꾸중하지 않고 사랑으로 감싸 주셨던 할머니, 어머니가 그립다.

할머니께서 씨아를 돌려가며 목화씨를 뺐다. 물레에다 실꾸리를 물리고 손을 올렸다 내렸다 하면서 실 잣던 모습이 내 기억의 저편에 아직도 머물러있다. '베날기'를 거쳐 만들어진 무명천에는 기계화된 광목이 나오기 전까지 숱한 여인의 고충이 숨어있다. 이렇게 만들어진 천은 한겨울의 추위를 막는 옷감으로 또는 이불감으로 사용되었다.

　무명 이불은 따뜻했다. 검은 물을 들인 바탕천에 빨간 깃을 달고 흰 홑청을 했다. 아래위 바느질 땀을 조절해가며 발가락에 걸리지 않게 꿰맸다. 이렇게 만든 이불은 아랫목 구들장 위에서 우리 가족을 추위로부터 지켜 주었다. 섣달그믐께가 되면 옷이고 이불이고 모든 것을 뜯어서 잿물 낸 물에 삶아 빨았다. 그러고는 풀새하고 손질해서 다시 꿰맸다. 마주 앉아 두드리는 장단 맞춘 방망이 소리는 단조롭고 경쾌했다. 새해가 오는 술렁임이 이 집에서 저 집으로 이어지는 다듬이 소리에 실려 왔다. 긴긴밤을 바느질로 지샌다. 새해를 맞는 일에는 여인들의 고된 삶이 배어 있었다.

　생명이 용솟음치는 봄이다. 생광목을 햇볕에 바랬다. 볕 좋은 날, 필로 된 광목을 자갈밭 위에다 가지런히 펴 놓는다. 그 위에 강물을 길어다 천이 다 젖도록 퍼붓고 마르면 다시 적시기를 온종일 반복한다. 횟수가 거듭됨에 따라 누렇던 광목이 하얗게 바랜다. 태양은 자연 표백제였다. 새들은 꽃과 나무 사이를 누볐다. 종달새의 지저귐을 들을 수 있는 둘만의 시간은 행복했다.

외동딸 시집보낼 때 쓸 이불 홑청감을 마련하기 위한 어머니의 사랑이 그 속에 녹아 있다.

목화솜으로 속통을 만들었다. 초록바탕 비단천에 빨간 깃을 달아 겉표면을 만들었다. 풀 먹여 당기고 밟아 곱게 다듬이질한 하얀 광목 홑청을 입힌 이불이다. 요즈음은 덮을 일이 없다. 무겁다고 아무도 사용하지 않는다. 몇 년에 한 번씩 삶아 빨아 손질한 후 다듬이질 대신 다림질로 대신하여 꿰매 둔다. 이불장의 맨 밑에 눌려 있어 숨이 다 죽어 납작해졌지만 아직은 엄마의 손길이 묻어 있어 보낼 수가 없다. 해묵은 이불처럼 어머니의 숨은 사랑이 밑에서 받치고 있어 오늘의 나를 지탱하는 힘이 되어주는 것은 아닌지….

창호지 밖으로 불빛이 비친다. 낮에는 바깥일로 하루를 보내고 저녁이 되어서야 안일을 할 수 있었던 것이 전시대 아낙들의 애환이다. 장단 맞춘 다듬이질 소리가 요요한 달빛을 흔든다. 쏟아지는 잠을 이기지 못해 엇박자가 잦아지면서 경쾌하던 소리는 수그러진다. 그때가 되어서야 그네들의 고단함도 어둠 속으로 숨어들었다.

상강霜降 무렵이면 무광을 만들었다. 무는 추위에 약해 서리가 내리기 전에 저장해야 한다. 초겨울까지는 입구를 막고 있는 짚으로 된 마개를 뽑고 손을 디밀면 곧장 잡혔다. 눈보라가 치거나 눈 그림자가 방 안까지 비치는 겨울밤이면 아랫목에 펴둔 이불

뿌리 93

에 발을 묻고 무광의 무를 꺼내다가 깎아 먹었다. 이가 시리도록 찬 생무의 아삭하고 달달하던 그 맛은 잘 익은 어떤 과일의 맛보다도 맛있었다. 이렇던 무가 어른의 어깻죽지를 다 집어넣어 손을 이리저리 저어야 겨우 꺼낼 수 있게 되고, 어렵사리 꺼낸 무에 바람이 들고 연둣빛 무 싹이 한 뼘씩 자라 있으면 봄이 대문 앞까지 온 거였다.

 봄은 희망이다. 농사철의 시작이라 몸은 더욱 고되지만, 따스한 햇볕은 모든 가능성을 열어준다. 두꺼운 옷과 이불을 정리하고 집안의 묵은 먼지를 털어내고 새봄 맞을 준비를 한다. 이불장 속의 엄마가 만들어 주신 광목 홑청을 한 이불이 언제 내 곁을 떠나게 될지 아직은 모른다. 몇 번의 겨울을 더 보내야 할지 어쩌면 내 손으로 영영 못 버리는 것은 아닐는지, 가슴이 짠해 온다.

섶다리

"엄마는?"

학교에서 돌아온 작은오빠의 물음이다. 큰애든 작은애든 간에 누구든 집에 발을 들여놓으며 하는 첫마디가 이 말이다.

"네 엄마는?"

가장도 마찬가지다. 어머니는 한 집안의 넓고 큼지막한 주춧돌이다. 그런 엄마가 보이지 않는다.

외가는 강 건너 있었다. 외할머니께서 돌아가셨다. 하나뿐인 남동생이 지키고 있을 빈소를 생각하면 어머니의 마음은 한시가 급하셨을 것이다. 여름 장마철이었다. 며칠 전에 내린 비로 이미 섶다리는 떠내려가고 없었다. 이 다리는 지난가을 초입에 생나무들을 베어다가 다리목을 얼기설기 엮고 그 위에 나뭇가지를 걸치고 흙을 덮은 것이다. 장마가 끝나고 여름 끝 태풍이 물러갈 때쯤이면 다리를 놓았다. 가을을 지나 겨울 차가운 강물 위를 지키다 봄을 지나 여름 장마에 큰물이 지면 떠내려갔다. 이때만 빼고는 다리로서의 구실을 했다.

어머니는 물이 불어나기 전에 가신 듯하다. 큰오빠는 강 건너 사는 광부의 등에 업혀 가고 없었다. 열 살 겨우 된 작은오빠는 아버지가 퇴근하고 오실 때까지 기다리지 못했다. 우리도 가자고 했다. 옷을 벗어 머리 위로 올리고 손을 잡고 강을 건너기 시작했다. 얼마 못 들어가 잡았던 손과 옷 보따리는 놓치고 몸은 물살에 떠내려갔다. 강둑에는 물 구경 나온 사람들이 많았다. 그들 중 청년 두 명이 우리를 건져 주었다. 그 두 분의 고귀한 희생이 없었다면 우리 남매의 삶은 그것으로 끝났을 것이다. 아직은 죽을 때가 아니었나 보다. 두 번 태어난 삶을 지금까지 살고 있으니 말이다.

어머니는 모내기 철만 되면 할아버지 댁으로 일을 거들러 가셨다. 일이 끝날 무렵이면 으레 큰물이 지기 마련이었다. 갈 때 있던 다리가 올 때 건너려고 보니 흔적도 없이 사라지고 없다. 할 수 없이 강을 따라 한참을 내려와 보狀 있는 곳에서 겨우 물을 건너 집으로 올 수 있었다고 했다.

큰물이 졌다. 장마철과 가을 초입의 태풍이 올 때쯤, 학교에서는 큰비가 내릴 것 같은 징후가 보이면 강 건너 사는 아이들을 일찍 하교시켰다. 1~2십 리 길을 걸어서 다니고 재를 넘고 강을 건너는 것은 예삿일이었다. 섶다리가 아니면 바윗돌을 띄엄띄엄 놓은 징검다리가 고작이었다. 이때의 육 년 개근상은 정말 값진 상이었다. 우리가 국민학교를 졸업하고 나서는 광업소에서 출렁다리를 놓아주었다. 이 다리는 큰물이 져도 떠내려가지 않았다. 광산으로 일하러 가는 광부들과 등하굣길의 학생들에게 많은 도움이 되었다. 그러나 지금은 광산의 쇠락과 함께 흥청대던 모든 것들이 숱한 애환을 안고 큰물 진 뒤의 강변처럼 다 쓸려가고 없다.

섶다리 돌다리는 사라진 지 오래다. 탄가루 날리던 신작로는 모두 포장도로로 바뀌었다. 튼튼한 시멘트 기둥이 교량을 떠받치고 왕복 4차선은 족히 됨직한 다리가 섶다리 놓였던 자리에 떡하니 자리했다. 여름 한철 저녁만 되면 아낙들은 냇물에서 멱을 감았다. 잘그락대는 자갈들의 기분 좋은 지압을 받으며 땀을 식히던 깨끗했던 그 강물은 없다. 강은 바닥을 드러냈고 잡풀이 강을 뒤덮었다. 석탄 박물관과 아자개 장터, 레일바이크 등 사람들을 불러들이려고 애는 쓰고 있는데 문명화된 새것들이 옛 정취를 몰아내고 있어 너무나도 아쉬움이 컸다. 나와 관계가 없으면 강 건너 불구경이나 마찬가지다. 인연이 있어야 그리워지고 찾고 싶어지는 게 인지상정이다. 가느다란 연줄이라도 남아 있어야 그 줄 끝에 비상하는 연 같은 고향을 그려 볼 수 있을 것이다.

강원도 영월군 주천면 판운리에는 여름만 아니면 섶다리를 건너볼 수 있다고 한다. 마을 청년들이 초가을에 다리를 놓고 이듬해 장마가 지기 전에 철거하였다가 다시 새 다리를 놓는다. 소박한 우리네 추억을 맛볼 수 있는 곳이 있다고 하니 언제 한번 찾아가 건너볼까 보다.

　어머니 가신 지 어언 수십 년이다. 너른 가슴으로 품어 주시던 그 품이 그립다. 쓸려 내려간 섶다리는 해마다 새것으로 놓을 수 있는데 한 번 가신 엄마는 두 번 다시 만날 수가 없다. 그러나 두 오빠가 아직은 곁에 있어 지난 시간을 회상할 수 있어 그나마 다행이다. 집 옆 팔거천의 불어난 물의 도도한 흐름을 보면서 옛날이 생각나 한참 동안 큰오빠와 통화했다.

베틀

　이것은 한恨의 물건이다. 눈물로 얼룩진 아낙네의 옷고름 같은 애환을 담고 있다. 전 세대 여인들은 저마다의 무게를 안고 이곳에 앉았다. 어깨, 허리, 다리, 손, 발 등 전신을 누르는 책임의 저울추는 물먹은 솜이었다. 매일이 여일했다. 봄, 여름, 가을, 겨울 옷치레가 그 손에 달렸었다. 봄 햇살에 졸다가 주저앉은 오두막집, 이제 그 집에는 사람도 물건도 없다. 흑백 사진 속처럼 추억만이 깔려 아련함을 더한다.
　상주는 삼백의 고장이다. 쌀, 누에고치, 곶감이다. 공갈못의 풍부한 물은 사벌벌을 적셨다. 가을이면 들판에 입맛 당기는 벼가 영글었다. 이 고장은 임금님께 진상하는 최상의 곶감 생산지다. 그 명성은 지금까지 이어지고 있다. 또한 풍부한 일조량은 튼실한 뽕나무를 길러냈다. 양잠은 자식을 타지로 유학 보내는

데 한몫했다. 우리 집 베틀은 작은어머니를 그곳에 묶어두었다.

　면사무소에서 누에나방의 알을 받아온다. 겉보기에는 그냥 검은 사각 판, 그 판에서 하루가 다르게 변화가 인다. 처음에는 좁쌀 같은 것이 희끗희끗 보인다. 작은 움직임이 보이면 알을 까고 유충이 꼬물거린다. 어린 뽕잎을 따온다. 누에는 습기가 적이다. 젖은 뽕잎은 절대 금물이다. 햇살이 어느 정도 퍼져 이슬이 마를 때쯤 뽕잎을 따러 간다. 작은어머니 등에는 땀이 배어들어 늘 소금꽃이 피어 있었다. 고단함은 나중 일이었다.

　숙모는 누에를 사랑했다. 이들이 자라는 잠실은 별당 아씨 거처같이 조심할 게 많다. 담뱃재나 연기는 물론 모기 쫓는 모닥불도 가까이서 피우지 않았다. 마치 비가 나뭇잎에 떨어지는 소리를 내는 누에의 왕성한 먹새는 숙모를 흐뭇하게 했다. 누에는 개기월식 때 토끼가 달을 갉아 먹듯이 뽕잎을 아사삭아사삭 해치웠다. 작은엄마는 누에 박사가 다 되었다. 그 소리와 몸짓을 보고 얼마나 튼실한 고치를 지을지를 알아냈다. 이들을 바라보는 그녀의 눈빛은 젖 물리고 자식 내려다보는 어미의 그 눈이었다. 다섯 잠을 자면 고치를 지었다.

　베틀에 앉은 작은엄마 모습은 계절에 상관없었다. 다섯 형제의 넷째 며느리로 시집왔다. 손위 시숙 동서 모두 떠나고 시동생마저 집을 비웠다. 그 빈자리를 메꾸며 할아버지, 할머니 모시고 사셨다. 춘잠, 추잠 사이사이 여름에는 삼베를, 겨울이면 무명을 짰다. 그렇게 짠 피륙, 결 고운 옷감은 어른들 몫, 사촌들 입새도 남에게 처지지 않게 입혔다. 그러나 정작 본인은 성글고 거친 굵은 삼베로 여름옷을 짓고 겨울이면 뚝지 실로 짠 볼품없는 옷이 고작이었다.

어느 해 겨울이었다. 작은엄마는 손에 물 마를 날 없이 베틀에 앉아 명주를 짰다. 조금이라도 짧은 시간에 짜야 했다. 다 짠 베는 그냥 파는 것이 아니라 삶아 손질해서 시장에 내놓아야 값을 더 쳐주었다. 무쇠솥에 넣고 삶았다. 그런데 이런 낭패라니, 삶은 피륙을 빨랫방망이로 건져 올리자 축축 처지는 게 아닌가. 양잿물 조절을 잘못했다. 시어른 얼굴을 어떻게 뵈며 그간의 노력은 또 어디서 보상받을 수 있으랴. 그때 속이 다 타들어 갔을 숙모를 생각하면 지금도 가슴이 찡하다.

끼니때가 되었다. 숙모가 명주를 짜다가 부엌으로 갔다. 베틀에 올라 보고 싶은 유혹이 등을 떠밀었다. 발이 베틀에 닿은 걸 보면 열 살은 넘었었나 보다. 발을 교차로 움직여가며 줄을 당겨 북을 치고 바디를 당긴다. 그런데 북이 지나가기 전에 바디를 당기고 말았다. 이런 실수를 저지르다니, 쥐구멍은 보이지 않고 도투마리 아래 머리를 박았다. 아이는 머리만 보이지 않으면 몸도 다 숨겨지는 줄로 알았다. 재갈 물린 말이 되어 고개를 들 수가 없었다.

명주실이 왕창 끊어졌다. 머리카락보다 가는 것처럼 보이는 그 실, 바디와 잉아에 맞춰 그것을 전부 이어야만 한다. 얼마나 밉고 야속했을까? 하지만 혼도 내지 않았다. 작신하게 두들겨 패도 안 풀릴 속, 너무 어처구니없는 일을 당하니 어이없고 황당해서 혼이 빠지셨었나 보다. 지금도 겨울만 되면 거꾸로 자라는 고드름이 되어 용서받지 못한 빚진 마음에 가슴이 시리다.

고향을 찾았다.

"작은엄마!"

마당에 들어서자 족답기에서 나는 경쾌한 소리를 듣는 순간 온종일 걸어오느라 아픈 다리가 온데간데없이 사라졌다. 부르기가 무섭게 베틀에서 내려와 버선발로 뛰어나오셨던 내 작은어머니, 할머니가 계시지 않는 허전한 자리를 대신 채워 주셨던 그 가녀린 숙모를 못 본 지가 반세기가 넘었다.

운명은 야속했다. 베틀에 앉을 사람이 없다. 작은엄마와 함께 사라진 베틀, 어두운 색이 전부인 주저앉은 집에서 추억의 색동 퍼즐을 맞춰본다. 꽃다운 나이에 시집오셨다. 분칠 한 번 하지 않은 얼굴은 누에가 지은 고치보다 깨끗했다. 6남매를 두셨다. 육신의 한 귀퉁이를 떼어 낳은 자식, 그들을 바르고 튼튼하게 키워 내리라 다짐했으련만, 작은엄마의 꿈은 피지 못하고 시들었다. 40도 안 된 나이에 갓 돌 지난 막내를 두고 영원한 안식의 길에 드셨다. 이른 산그림자가 어둠에 밀려와 온 집안을 덮쳤다.

갱坑

　그해 겨울은 참으로 추웠다. 그곳은 삶과 죽음이 이마를 맞대고 있었다. 두툼하게 내려앉은 회색 구름에서 금방이라도 굵은 눈송이가 쏟아질 것만 같은 날이었다. 겨울만 되면 매서운 바람에 묻어오는 빛바래고 먼지 쌓인 고통스러운 기억과 마주하게 된다. 긴 세월이 흘렀다. 하지만 여남 살 적 일은 생생하기만 하다. 막장 인생이었던 광산촌에 비극을 불러왔던 그때의 아픔이 몇 년 안 된 일인 양 눈앞에 어른댄다.

　광부들은 두 겹의 하늘 아래서 일한다. 막장 안의 검은 하늘과 밖의 푸른 하늘이다. 언젠가는 네 날개 쫙 펴고 일할 날을 그리워하며 가장의 책임을 다하기 위해 낮과 밤을 잊은 채 노동에 내몰린다. 저탄장의 탄가루를 뒤집어쓴 마을에 사는 광부의 아내는 걱정과 시름을 더한 서너 겹의 하늘 아래 산다. 어느 하룬들 마음 놓고 살 수 있을까. 그녀들의 마음은 갓 캐낸 석탄보다 더 까맣게 타들어 갔다.

강물에는 석탄 가루가 까맣게 내려앉았다. 그 물에서 흰 빨래는 할 수가 없었다. 또한 냇가의 돌들은 철분을 머금고 검붉은색을 띠어 발을 담그기도 망설여지게끔 탁했다. 그래도 여름에는 노란 호박꽃이 벌을 불러들이고 가을에는 코스모스가 빨강, 분홍, 흰색을 드러내며 하늘거렸다. 아무리 진한 검은 가루도 자연이 주는 계절 색을 덮지는 못했다.

갱도가 무너졌다. 갱도만이 아니었다. 갱 속으로 가장을 돈벌이 보낸 가족의 가슴도 무너져 내렸다. 그들은 가물거리는 정신을 놓지 않으려 안간힘을 다한다. 창백하다 못해 파랗게 질린 낯빛, 마음은 천 길 낭떠러지 아래로 떨어져 내렸다. 외줄에 매달려 아슬아슬하게 줄타기하는 곡예사인들 두려움에 떠는 이들보다 더 무서웠으랴. 산천초목도 숨죽여 떤다. 서로를 부둥켜안은 채 실낱같은 희망의 불씨가 꺼질라 행여 부정이라도 탈까 봐 입도 떼지 못한다. 하늘이 내려앉는 것 같은 고통을 어떻게 다 읽어낼 수 있으며, 땅속으로 스며드는 절망으로 온몸이 오그라져 내리는 그들을 어떤 힘으로 보듬을 수 있으랴.

작은어머니에게는 남동생이 있었다. 친정의 남자라고는 단 하나뿐인 특별한 피붙이였다. 그 동생이 갱 속에 갇혔다. 작은어머니의 친정은 우리 집에서 그리 멀지 않았다. 조그만 언덕 둘만

넘으면 되었다. 성주봉 산기슭 양지바른 곳에 자리 잡은 그 집은 제법 윤택했었다. 남동생은 글 읽은 선비였다. 숙모의 친정어머니인 사장어른은 가끔 우리 집에 들르셨다. 큰따님이 근처에 살았다. 여름이면 풀 먹여 다림질한 새하얀 모시 치마, 적삼을 입고 오셨다. 자그마한 체구에 정말 곱고 단아해 보였다. 우리 집에서는 누구 하나 그렇게 차려입은 것을 본 적이 없었다.

전쟁의 참화는 모든 것을 앗아갔다. 제대하고 돌아오니 부모님은 돌아가시고 집은 폐허가 되었다. 지난 시절의 평화는 산산이 부서진 거울이었고 현실은 한겨울 눈 녹은 물보다 찼다. 총부리를 서로 겨누는 전쟁터에서 살아 돌아왔다. 그러나 집은 새로운 싸움터였다. 삶의 비애와 황량함은 전장보다 무서웠다. 국가를 위하는 대의보다도 '내'가 책임져야 할 가족이 시퍼렇게 눈을 뜨고 '나'만 바라보고 있다.

갱 속은 어둠과 습기로 꽉 차 있다. 처자식 허기만 면할 수 있으면 들어갈 곳이 못 된다. 혈혈단신으로 일어서야만 했다. 가장으로서 어깨는 얼마나 무거웠을 것이며 살붙이는 또 얼마나 소중했을는지. 피와 눈물과 땀을 검은 탄가루에 쏟기로 작정하고 누나를 찾아왔다.

"누님, 갱 안에서 일하기로 했어요."

찬 달빛이 땅에 깔리어 더욱 시린 밤이었다. 작은어머니는 가슴이 덜컥 내려앉았다. 아무 말도 할 수가 없었다. 위험한 것만큼 월급봉투는 꽤 두터웠다. 그러니 불안한 마음을 내색하지 못했다. 불길한 예감은 비껴가지 않았다. 갱 안으로 일하러 들어간 지 3일 만에 스물아홉 동생은 영원히 돌아올 수 없는 강을 건넜다.

새까만 굴속, 정신이 혼미해 온다. 삶의 공간에서 죽음의 공간으로 바뀐, 빛이라고는 한 줄기도 보이지 않는 침묵이 전부다. 그 끝에 스스로는 어떻게도 할 수 없는 필연적이고도 불가피한 운명, 죽음이 기다리고 있음이야. 막연하던 느낌이 점점 확실성으로 다가왔을 때 남겨진 가족에 대한 걱정은 얼마나 가슴을 짓눌렀으랴. 단란했던 삶의 한때를 그리며 두 손을 모았으리. 땅을 칠 수도 목 놓아 울 수도 없는 그 시간이 길지 않았기만을 바랄 뿐이다.

작은어머니는 출가외인의 몸이다. 동생에게 아무런 도움도 줄 수 없는 처지를 한탄해 보지도 못했다. 시가의 형편도 별반 다르지 않았다. 참 무서운 우리 위 세대의 암담했던 지난날이다. 그러나 인간에게는 묘한 구석이 있어 인류는 지금까지 이어져 오고 있다. 아무리 막장 인생이라 할지라도 끔찍한 현실, 절박한 삶 속에서도 버틸 수 있는 용기는 지금보다는 나은 내일이 올 것이란 잡히지도, 보이지도 않는 희망을 버리지 않음에 있다.

쌀은 법이요 밥은 생명이던 시절이었다. 땀으로 얼룩진 얼굴은 그믐밤의 별빛처럼 눈만 초롱초롱했다. 이 일을 접을 수 없는 것은 가족의 뱃가죽을 괴롭히는 허기진 창자의 외침을 외면할 수 없기 때문이다. '나' 말고도 배고픈 사람은 수두룩했었다. 전쟁은 끝났어도 가난과 싸워야 했던 선대가 살아낸 시대가 채 한 세기도 되지 않는다. 보호막 없는, 사회라는 커다란 톱니바퀴에 깔려도 민중의 끈질긴 생명력은 서로의 등을 대고 비비면서 억새처럼 끈질기게 자라난다. 이것이 삶이다.

올겨울도 유난히 춥다. 그의 70년 전 섣달의 추위는 살을 에었다. 방한복이 있었을 리 없다. 밑바닥이 다 낡은 신발은 눈을 빨리 녹게 했다. 질척이는 눈 녹은 물이 스며들었다. 가장을 잃은 가족의 얼굴에는 눈물이, 발밑에는 진창인 바닥이 몸도 마음도 얼어붙게 했다.

방한복이 몇 개씩 된다. 수도꼭지를 틀기만 하면 따뜻한 물이 펑펑 쏟아진다. 이런 세상에 살면서도 불평이 많다. 가끔은 뒤를 돌아보고 앞서간 세대의 고난을 잊지 말아야 하리라.

줄기

울력
보리수
기둥
아름다운 이 세상, 소풍 끝나는 날
독한 놈
디딤돌
곤봉
기찻길
도장
디딜방아
상주 동학교당
세월아 나 좀 봐줘
운전석 옆자리에 아들 태운 날
카키색 제복의 구세주
파놉티콘
하피첩
한라산 만세동산이 무성한 까닭
어명이오
꽃자리
절규
굿과 인연

울력

"**별일** 없이 잘 있냐? 대구 향교에서 '징비록' 강의가 있는데 같이 듣지 않겠느냐?"

오랜만에 큰오빠의 전화다. 죄송했다. 손아래이면서 내가 먼저 소식을 전하는 것이 아니고 늘 오빠가 안부를 물으신다. 목요일 오후 시간대라 들어 보기로 마음을 먹었다. 화, 목 오전에는 칠곡향교에서 경전을 듣는다. 향교 출입이 잦게 되었다.

황사가 심하다. 산은 뿌옇고 바람까지 일었다. 그래도 봄볕을 한껏 껴안은 나뭇잎은 한결 푸르렀다. 날씨는 장애가 되지 않았다. 4월도 끝자락이다. 주말에 큰오빠 수하 13명이 가창 농장에 모였다. 작은오빠네 식구도 5명이 왔다. 어머니의 피붙이 세 남매가 한자리에 뭉쳤다. 오빠들의 손자, 손녀들은 신이 났다. 어른 장화를 작은 발에 신고 괭이며 호미도 잡는다. 시멘트 바닥만 밟아보던 아이들이 흙을 밟으며 김을 매겠다고 야단들이다. 가창골이 떠들썩했다.

큰오빠는 1939년 기묘생이다. 평생을 분필하고만 친하게 지내셨다. 그 연세에 주중이면 혼자서 이곳에 들르신다. 산길로 30여 분 걸리는 수월찮은 거리다. 운동 삼아 간다고는 하지만 힘에 부치실 것이리라. 말이 좋아 농장이지 그냥 산이다. 은행나무, 밤나무, 엄나무, 옻나무, 돌배, 가죽, 두릅, 보리수 등등 몸에 좋다는 약식용 나무가 무수히 식재되어 있다. 봄이면 산에서 나는 야생초를 맛보게 하고 가을이면 열매 과일을 안겨준다.

오빠 밭은 입새다. 상추, 쑥갓, 마늘, 감자 등 집 텃밭에 있어야 할 것들이 이곳에 있다. 몇 년 전만 해도 좀 높은 곳까지 도라지, 더덕, 당귀, 구기자 같은 뿌리채소와 약초를 심으셨다. 그랬던 곳이 낙엽과 검불들로 사람이 다니기가 버겁게 뒤엉켜 있다. 발걸음을 옮길 때마다 걸리적거린다. 그 맛있던 미나리꽝의 미나리도 사라지고 없다. 이제는 모두 묵밭으로 변해가고 있다.

이 작은 밭에도 잡초가 무성하다. 사람의 손길이 닿지 않은 표가 역력하다. 머쓱하게 농기구를 하나씩 들고 김을 맬 요량으로 밭고랑에 줄을 섰다. 모두가 반건달이다. 옳은 일꾼은 한 명도 없다. 남겨둬야 할 식물인지 잡초인지도 구별 못 하는 아이들도 합세했다. 녀석들이 온몸으로 용을 써가며 하나씩 풀을 뽑는다. 그제야 밭이 훤해졌다. 울력이 힘을 발휘하는 순간이다.

"나 혼자 했으면 열흘을 해도 다 못 했을 것이다."

아이들만이 아니라 큰오빠도 신이 나 있었다. 여럿이 모이니까 좋으셨다.

밭만 묵밭으로 변해가는 것이 아니었다. 오빠의 어깨는 처졌고, 다리와 팔은 눈에 띄게 힘에 부쳐 보였다. 머리카락은 셀 수 있을 정도로 엉성하고 얼굴에는 검버섯이 묵밭의 잡초처럼 무수하다. 부모님 품에서 함께 노닐던 때가 아까 참의 일인 듯한데, 고단했던 삶을 내려놓을 날이 얼마나 남으셨으랴. 헤어지기 싫다고 미적거려 본들 뾰족한 수 있을 리 만무다. 날마다 말로 날을 벼려 보지만, 이렇게 함께 모여 떠들고 웃을 수 있는 날을 내기가 쉽지 않다.

"오빠, 그 몸 지금같이만이라도 오래 지탱하시기를 염원합니다."

대구향교에 등록했다. 일부러 구실을 만들어 가지 않는 한, 별 볼 일 없이 집으로 뵈러 가는 일은 꾸물거리게 된다. 명절과 아버지, 어머니 기일에나 가게 될 뿐이다. 부모님 뵐 날이 머잖을 우리 삼 남매, 그날이 되었을 때 이렇게라도 하지 않으면 뵐 면목이 없을 것 같아 마음을 냈다. '징비록'은 서애 류성룡의 저술이다. 준비되지 않은 나라가 환란을 겪게 되었을 때 어떻게 후환에 대비하여야 하는지에 대한 기록이다. 이런 역사적 내용이야 이 나이에 알면 더 좋겠지만, 몰라도 그만이다. 목요일이다. 후회를 남기지 않기 위해 오늘도 향교로 향한다. 역사 공부는 덤이다.

보리수 菩提樹

지난가을, 큰오빠의 농장이 있는 가창에 갔다. 농장이라고는 하지만 가솔이 식용할 정도의 채마밭이다. 농사라는 게 여간 손이 많이 가는 것이 아니다. 대규모로 기계를 이용하는 것도 아니라 오빠는 이맘때부터는 매일 가창으로 출근하시다시피 한다. 운동 삼아 간다고는 하지만 집안일과 마찬가지로 농사일이란 해도 해도 끝이 없다. 무리하지 말라는 가족의 만류에도 막무가내로, 강행군으로 밀어붙이신다. 애써 키운 무공해 채소를 동생들에게 나눠주는 기쁨을 멈추게 되는 날이 올까 봐 두려운 마음을 숨기고 있는 것 같아 가슴 한편이 아스라이 저려올 때도 있다. 세월은 우리 삼 남매의 얼굴에도 골그림자의 두께를 더해가고 있다. 그런데도 동생들은 배추, 무, 가지, 호박, 파, 토마토 등 갖가지 채소들과 꾸지뽕, 미리 추수해 놓은 은행을 승용차의 뒤 트렁크가 비좁도록 바리바리 싣고 오는 것이 고작이다. 만나고 싶고, 보고 싶었던 마음을 내색 한 번 하지 않는 맏이는 그냥 맏이가 아니다.

참두릅, 개두릅이 봄을 알렸다. 그랬던 그들은 낙엽 되어 자양분으로 돌아가 내년을 기약하고 가을 산에서는 갖은 나무가 시샘하듯 풍요를 쏟아낸다. 오빠의 농장이 있는 산에도 밤, 감, 은행, 도토리, 보리수 등 먹거리들이 지천이다. 발걸음을 옮길 때마다 구절초 향기가 산 전체로 흩날렸다. 그중에도 나의 관심을 끄는 나무가 있었다. 보리수다.

사찰의 대웅전 앞마당에 떡하니 자리 잡고 있는 나무가 보리수다. 이 나무 아래서 석가모니 부처님이 성불하셨기에 신성시하며 열매로는 염주를 만든다고 한다. 또한 외래종인 뜰보리수란 것이 있다. 이 열매는 재래종보다 크고 익는 시기가 다르다. 재래종은 가을이 되어야 익지만, 이것은 보리가 익을 때 익는다고 하여 뜰보리수라고 한다. 나의 추억 속 나무는 물론 재래종 나무다. 이 나무는 척박한 땅에서도 잘 자라 한 나무에서 여러 줄기가 뻗어나가 큰 둥치를 이룬다. 가지에는 줄기가 변해서 생긴 가시가 있어 열매를 채취할 때 조심해야 한다.

내가 자란 문경에서는 보리수 열매를 보리떡이라고 불렀다. 갓 돌 지난 아기의 새끼손가락 첫째 마디 크기에 색은 입술을 연상시킨다. 감촉도 입술처럼 부드러울 것만 같은 착각을 일으킨다. 열매는 뽀얀 쌀뜨물에 세수한 것만 같다. 그것에는 큰 알사탕을 설탕에 굴린 듯한 흰 반점이 있다. 그래서 보리떡이라는 이름이 더 잘 어울린다는 생각에 보리수라는 이름에 정이 붙지 않는다.

어머니께서 산에서 채취한 갖가지 먹거리들을 담은 보퉁이 속에는 머루, 다래도 있었지만, 가끔 이 보리떡이 조금씩 들어 있을 때가 있었다. 시고 달고 떫은 맛은 달콤한 사탕에 비할 바 못 되지만 돈 주고 군것질거리를 사 먹는다는 것은 생각지도 못하던 시절이라 그것은 반갑고 소중했다. 모든 것이 부족하고 귀했던 때라 많은 사람들의 손을 탄 탓에 더욱 어머니 손에 들어오기가 어려웠나 보다.

이렇듯 소중하고 귀했던 추억을 불러오는 나무가 오빠 농장 둔덕에 자리하고 있다. 여러 산을 누비고 다녔지만 어쩌다 만나는 보리수에는 열매가 많이 달려 있지 않았다. 그랬었는데 별로 크지도 않은 나무에 열매가 주저리주저리 열려 가지가 땅에 닿을 듯이 휘어져 있다. 반갑고 신기했다. 오빠는 따기 좋은 곳에서 우리가 채취할 수 있게 자리를 마련해 주고, 본인은 정작 열 올려 따는 우리를 보는 것만으로도 흡족하신 모양으로 느긋하게 바라만 보고 계셨다.

요즈음 채소 재배는 전과 확연히 다르다. 전에는 씨를 뿌려 씨앗이 발아하고 어느 정도 성장하면 키울 것은 그대로 두고 나머지 솎음배추로는 초렴 김치를 담기도 하고 된장국을 끓여 먹기도 했다. 상추는 뿌리째 솎아다가 탑탑하게 끓인 된장에 비벼 먹으면 정말 맛이 있었다. 그랬는데 지금은 모든 모종을 사다가 심는다. 농사에도 덤과 여유가 없어졌다. 거대 다국적 기업에 의해 씨앗의 자급률을 침해당하고 있는 현실이 너무 슬프다. 무엇이든지 튼실하고 좋은 것은 씨 한다고 고이 모셔두고 아무리 식량이 떨어져도 손대지 않았다. 그때로 되돌리고 싶지는 않지만 한편 그리운 것 또한 사실이다.

  봄나물이 무성할 때가 되면 오빠의 일상이 된 농장으로 우리를 또 부르시겠지. 겨울을 이긴 삼동초가 노란 꽃망울을 터트리기 전, 상추가 야들야들 봄바람을 온몸으로 맞는 계절을 오빠와 더불어 몇 번이나 맞이할 수 있을지 알 수 없다. 오는 봄, 부르기만 한다면 단걸음에 달려가 봄나물을 제일 먼저 맛볼 것이다.

기둥

상량식이 한창이다. 상량은 집의 골격이 거의 다 완성되는 단계에서 가장 위에 올리는 마룻대를 말한다. 우리의 무속 신앙에서 집을 수호하는 신을 성주신, 또 다른 말로는 상량신上樑神이라고 한다. 마룻대는 성주신이 있을 자리이고 상량식은 성주신을 모시는 의식이다. 우리 집에서 지붕은 아버지셨다. 그리고 상량은 큰오빠, 기둥은 작은오빠였다. 어머니는 그 모두를 보듬는 집 자체였다.

작은오빠는 다정다감했다. 누구 하나 부모 말씀에 토 다는 일 없었지만, 특히 심성이 따뜻했다. 큰오빠는 하루에 열 마디도 할까 말까 한 과묵한 편이어서 어려웠던 반면, 둘째 오빠는 좀 더 편했다. 해마다 지붕에 새 이엉을 이고 용마루를 갈아 덮었다. 대들보가 아무리 튼튼해도 기둥이 부실하면 집을 유지하기가 어렵다. 작은오빠는 우리 집뿐만이 아니라 가문까지 받치는 든든한 기둥이다.

대학생이 되어 대구로 유학을 왔다. 오빠는 인기 많은 남학생이었다. 호남형인 데다 다감하고 한 인물 했다. 집에서 조금만 받쳐 주었으면 청운의 푸른 꿈을 캠퍼스에 한껏 펼칠 수 있었으련만, 가난이라는 멍에는 청춘의 날개를 펼치지 못하게 막았다. 밥걱정, 잠자리 걱정은 하지 않아도 되는 입주 과외를 해가며 대학을 마쳤다. 그때는 짧은 거리건 먼 거리건 대부분 걸어서 다녔다. 한번은 책을 옆에 끼고 열심히 걷고 있는데 옆을 지나는 여학생들이 키득키득 웃으며 지나가고 있었다.

"왜 웃지?"

뒤를 돌아보았다. 석양에 그림자가 길게 드리워졌다. 그 그림자 엉덩이 부분에 무엇이 너풀거리고 있었다. 바지가 낡아 해졌던 것이다. 단벌 신사라 하나만 주구장창 입었으니 소가죽인들 버텨낼 수 있었으랴. 하긴 그때 옷은 지금처럼 질기지도 않았다. 요즘 포장지도 뜯지 않고 버리는 사람이 있다. 참 살기 좋은 세상이다. 하지만 풍요 속의 빈곤이라는 사치한 말로 치부하기엔 뭔가 석연찮고 찜찜한 구석이 많은 현실에 화가 나기도 한다.

어렵사리 학교를 마쳤다. 다행히 집 근처 학교로 발령이 났다. 우리 집에 '선생님'이 생겼다. '스승은 그림자도 밟으면 안 된다.'는 의식이 그래도 어느 정도 남아 있었던 때였다. 아버지 성에는 덜 찼었는지 모르지만, 어머니는 무척 대견해하시고 좋아하셨다. 그 와중에 입영 통지서가 날아들었다.

논산 훈련소로 입소했다. 우려는 엉뚱한 곳에서 발생했다. 옷보따리가 오늘내일 도착하지 않을까 하고 기다리고 있는데, 오빠가 불쑥 나타났다. 훈련소 신병 검사에서 결핵균이 발견되었던 것이다.

"그것 하나 통과하지 못했냐?"

안타까움이 담긴 큰오빠의 힐책이다. 이렇게 해서 작은오빠는 20대 초반부터 직업전선에 뛰어들었다.

큰오빠는 가정 형편상 대학 진학을 못 하고 있었다.

"형님 학원 알아보세요. 대학 가셔야 합니다."

작은오빠의 형을 생각하는 마음은 각별했다. 우리 집의 대들보인 맏이 자리를 튼튼하게 세워 놓아야 한다고 마음을 굳히고 있었다. 이렇게 해서 큰오빠는 반년 가까이 공부해서 대학에 진학했다. 아버지도 그때까지는 철도 공무원으로 근무하고 계셨었다. 하지만 동생이 번 돈으로 학교에 다닌다는 것이 어찌 마음 편할 수만 있었으랴.

모든 것에는 때가 있는 법이다. 그때가 언제인지는 아무도 모른다. 하지만 오는 기회도 놓치는 수가 부지기수일 것이다. 큰오빠는 모든 희비 곡직은 묻어두고 학업에 전념했다. 4년이 지났다. 오빠도 문경에 있는 학교로 발령이 났다. 이렇게 해서 우리는 교육자 집안이 되었다. 작은오빠는 우리 집의 기둥 역할을 굳건히 했다. 이웃으로부터는 우애 있는 집이라는 칭송을 자자하게 들었다. 우리 마을에서 제일 못사는 집 중의 하나였던 우리는 동네 사람들에게 부러움의 대상인 집으로 변해 있었다.

어머니께서 우리에게 항상 하시는 말씀이 있었다.

"사람답게 살아야 한다."

사람답게 사는 것에는 정직과 선한 것이 최상위 개념이었다. 그 뜻에서 어긋나지 않게 살려고 애쓰고 있으니 편히 계시라고 하늘나라에 편지라도 띄우고 싶다.

이제는 집을 지을 일이 없다. 그러니 상량을 올릴 일도 물론 없어졌다. 세월을 비껴가지 못한 오빠들의 얼굴에는 주름이 가득하다. 그러나 내 친정은 상량이 튼튼하고 기둥이 굳건하니 든든하다. 세상은 온통 치장에 혼이 팔려 있다. 포장지의 감촉만으로 내용물을 판단하고 때로는 분노하고 좌절까지 한다. 싼 재료로 좋은 집을 짓기는 어렵다. 내 오빠는 천년 묵은 금강송보다 튼실한 재목이다.

아름다운 이 세상, 소풍 끝나는 날

순이에게

순아!

아침에 운동하러 강변에 나갔어. 이틀 동안 여름 장마 같은 비가 처절처절 내렸어. 비도 가는 여름이 아쉬웠나 봐. 내년이면 또 올 텐데. 내 마음은 어땠겠어. 앞으로 몇 번이나 계절이 바뀌는 것을 볼 수 있을지 모르는데. 근데 괜찮아. 하늘이 이렇게 맑은걸. 하늘도 목욕하나 봐. 정말 깨끗해. 파란색은 더욱 파랗고 뭉실뭉실한 구름은 더 하얘. 하늘도 속상하고 언짢을 때가 있겠지. 속상할 때는 천둥으로 소리치고, 언짢을 땐 먹구름으로 잔뜩 찌푸리잖아. 그리고 또 많이 억울할 땐 엉엉 울지. 그래서 소낙비를 작작 쏟기도 하잖아.

순아, 나도 참 힘든 세월이 많았지. 해방과 함께 태어났지만,

자유는 멀리 있었어. 출생신고도 제때 못하고 이름도 없었어. 외할머니께서

"석순이라고 불러라. 그러면 부자로 산단다."

가난을 떨쳐버리고 싶은 염원이 담긴 이름이야.

그래서 '석' 자는 빼버리고 그냥 '순'이가 된 거야. 3년이 지난 후에 출생신고를 하러 갔어.

"이름이 뭡니까?"

"'순'입니다."

동직원 손끝에서 '순'이, '순이'로 바뀐 거야.

이렇게 해서 '순이'라는 이름으로 80년째 살고 있어.

도서관 문학 강좌 시간이었어.

"개명하고 싶은 사람 손드세요."

손을 번쩍 들었지. 근데 아니야, 80년 동안 나에게 그 어떤 강력 본드보다도 더 찰싹 붙어 있는데 어떻게 떼 버릴 수 있겠어. '순이'로 그냥 끝까지 가. 안 그래도 엄마와 헤어진 지 너무 오래돼 저승 갔을 때 못 알아보면 어쩌나 걱정인데 이름까지 바뀌면 되겠어.

책으로 엮어도 몇 권은 되고도 남을, 가슴 아픈 사연 없는 사람 없을 거야. 그래도 나는 잘 살았잖아. 70이 넘어 검정고시로나마 고등학교도 졸업하고 일흔일곱 나이에 대학 4년도 마쳤잖아. 사회에 나가 펼칠 기회는 없지만 나만 알 수 있는 자존감이

어디야. 수고했어. 그리고 장해.

이제 남은 단 하나 소원은 아름다운 임종이야. 사회라는 마당에서 천둥, 번개, 비도 맞고, 손등이 틀 정도로 추위를 견뎌야 할 때도 있었지. 저녁노을을 바라보는 지금의 시간, 과거는 모두 반짝이는 별이야. 다 그립고 아름다워.

선본 지 두 달 만에 부부의 연을 맺었지. 필연이라 우기며 반세기를 훌쩍 넘도록 같이 살았어. 우여곡절이야 왜 없었겠어. 세상이 어디 평탄한 길만 있었겠어. 그래도 지금까지 별 탈 없이 살 수 있어 모든 것에 감사해. 남은 시간이 얼마가 될지 모르지만, 사는 날까지 우리 지금처럼만 삽시다.

내 품으로 온 사랑하는 자식들아. 참 세월은 빠르기도 하지. 어느새 머리카락이 희끗희끗한 중년이 되었네. 엄마가 택한 길이 바른길인 줄 알고 그대로 따라와 줬지. 사회에 나가 제 몫 다하고 무탈하게 살아 에미 마음 쓰지 않게 해 정말 고마워. 지금까지도 그렇게 살아왔지만, 앞으로도 선 자리에서 최선을 다해. 그다음은 그냥 기다리면 돼.

나는 자연으로 돌아가고 싶어. 육신은 어차피 불태워질 거잖아. 남의 눈을 위해 수의 같은 거 장만하지 마. 그리고 주변에 알리지도 마. 슬프고 안타까운 게 아니라 '고지서' 날아왔다고 얼굴 찌푸리게 할 필요 없잖아. 종이로 된 관에 평소 내가 가장 아끼던 옷으로 갈아입혀 줘. 정해 둘 거야. 그리고 유골함에 넣지

마. 창호지에 싸서 종이로 된 작은 상자에 담아 선산 가족 묘역에 묻어줘. 울지도 마. 슬플 일 없잖아. 충분히 천수를 다했어. 환한 얼굴로 편안하게 보내줘.
"순아, 잘 살았어, 수고했어."

독한 놈

우리 집은 직육면체다. 집은 은박지로 도배까지 되어 있어 아주 정갈하다. 모서리는 각이 제대로 잡혔다. 그래서 인성이 바르고 예의 바른 누군가가 살고 있을 것만 같다. 언제부터인가 외면 벽은 모두에게 격한 혐오감을 불러일으키게끔 흉물스럽게 포장해 놓았다. 좋아할 때는 언제이고 이제 와서 원수처럼 여긴다. 아끼던 많은 사람이 떠났다. 우리를 사랑하려는 연령이 점점 어려지고 있다. 슬프기도 하고 우려도 된다.

우리는 항상 극진한 대접을 받는다. 휴대전화는 잠시만 없어도 안절부절못한다. 그런 그 기기도 바지 뒷주머니에 박혀 무거운 엉덩이에 깔려 질식할 정도로 갑갑할 때도 있다. 지폐 한 장 없어도 걱정할 일 하나 없는 귀한 카드가 든 지갑도 우리보다 어림없다. 혹여 구겨지거나 부서질까 봐 늘 윗옷 안주머니에 고이 모신다.

우리의 역사는 콜럼버스의 신대륙 발견으로부터 시작된다. 처음에는 치료제로 소개되었으나 그 중독성으로 인해 삽시간에 많은 사람이 사랑하게 되었다. 이를 영국 황실에서 세수 확보 일환으로 전매하면서 유럽 대부분의 나라로 퍼졌다. 한국은 임진왜란 때 일본군에 의해 유입되었다. 궐련卷煙을 마는 기술의 발명으로 대량 생산이 가능함에 따라 가격이 낮아졌다. 이로써 누구나 어디서나 쉽게 구할 수 있게 되었으며, 우리를 좋아하는 인구는 빠르게 증가했다.

우리는 스무 명이 같이 산다. 지붕이 열릴 때마다 한 명씩 불려 나간다. 한두 놈이 연기로 사라졌다. 그 틈새는 라이터가 들어가 숨기에 안성맞춤이다. 몇 년 전 남미를 여행할 때다. 일본 나리타 공항에서 캐나다 항공으로 환승하고 오타와비행장으로 가던 중이었다. 우리는 여기까지 숨어서 따라오는 데 성공했다. 일행 중에 60대 남성이 있었다. 화장실에 다녀왔는데 잠시 후 승무원이 왔다.

"담배 피우셨습니까?"

"네."

목소리가 기어들어 간다. 우리의 유혹을 이기지 못하고 해서는 안 될 실수를 저질렀다. 오타와비행장에 내리자, 캐나다 경찰이 기다리고 있었다. 한참 동안 여러 가지를 묻고 지문을 채취하고 난 뒤에 보내주었다. 우리보다 더 독한 마리화나를 피우지나 않았는지 의심하는 눈치였다. 하마터면 남의 나라 유치장 신세를 졌을지도 모를 뻔했다. 검색대에서 우리를 찾아내지 못한 그들의 잘못도 감안되었음이라.

내 몸을 불태운다. 그렇게 함으로 정신이 메마른 사람들의 마음을 쓰다듬는다. 교복을 정갈하게 입는 청소년들이 무리 지어서 있다. 장소와 때를 가리지도 않는다. 그들의 손에는 어김없이 우리들이 들려 있다. 무엇이 그들로 하여금 우리를 내치지 못하게 하는지, 반성은 기성세대 몫이다. 사회의 도덕적 좌표와 규범이 설 자리를 잃고 있다. 진정한 어른이 없다.

우리가 사랑받는 시간은 잠시다. 몸뚱이는 태워 시름을 연기로 날려 보낸다. 아랫부분은 입에 물고 자근자근 씹으며 애무한다. 그리고는 침 묻고 작아진 우리의 일부분을 아무렇게 길바닥에 내동댕이친다. 시름을 삭일 때는 언제고 더러운 발로 사정없이 문질러 버리기도 한다. 그래도 이것은 약과다. 차창을 열고는 조금도 개의치 않고 우리를 밖으로 던져버리는 경우도 있다. 산불이라도 나는 날에는 많은 사람이 우리를 의심한다. 국가의 세수에 얼마나 크게 공헌하는데 공은 없고 원망만 돌아온다.

마지막 한 명까지 다 불려 나간다. 모두가 빠져나간 집은 비참하기 이를 데 없다. 그러면 우리 집은 처참하게 구겨져 쓰레기통에 버려지는 신세가 된다. 따뜻한 체온에 안주하며 행복했던 시간은 옛날이 되고, 극진하게 대접받는다고 무게 잡던 때가 허망하다. 해악만 있는 것처럼 공익을 위한답시고 우리 집을 흉측한 그림들로 도배한다. 하지만 우리를 이 사회에서 내몰지 못하는 것은 각박한 세상을 사는 사람들에게 기대야 할 곳이 필요해서이리라. 우리가 소용없는 사회가 오기를 바란다.

디딤돌

　까치발을 딛고 용을 썼었다. 댓돌은 내가 마루로 올라설 수 있는 디딤돌이었다. 어느 때가 되자 몸집이 커지면서 그냥 곧장 올라설 수 있게끔 다리도 길어졌다. 태어나고 커가는 과정에 많은 걸림돌을 만나 걸려 넘어질 뻔한 적도 여러 번 있었을 것이다. 하지만 오늘의 나는 걸림돌보다 디딤돌을 훨씬 많이 만난 덕에 있는 것이다.
　"누구하고 그렇게 길게 전화해요."
　"오~~ 시누이하고 했는데."
　"시누이하고 무슨 할 얘기가 그렇게 많아요."
　문우의 전화다. 핀잔 아닌 부러움 섞인 투정으로 들렸다. 나에게는 손위 시누이가 한 분 계신다. 서울에 사시니 자주 뵙기는 어렵다. 가끔 드리는 전화는 옆에 계시는 양 붙들고 늘어지기 일쑤다. 내가 곧게 설 수 있게끔, 항상 이끌어 주시는 시댁 어른이시다.

시누이가 오신다는 연락이 왔다. 열차 도착시간에 맞춰 역으로 갔다. 상하 검정으로 된 옷 위에 베이지색 코트를 걸치신 키가 훤칠하게 큰 어른이 나를 향해 웃음을 띠고 걸어 나오신다. 멀리서 봐도 당당하고 멋이 물씬 풍긴다. 형님은 외모뿐만이 아니라 덕과 지혜를 두루 겸비한 멋쟁이에 든든한 나의 후원자이시다.

시부모님 내외분은 아들 셋에 딸 하나 네 남매를 두셨다. 그중 둘째가 형님이시다. 위로는 오빠를 받들고 아래 동생들을 보살폈다. 혼인은 여러 형제 중 막내며느리가 되셨다. 손위 동서들을 제쳐두고 시어른께 한복을 손수 지어 입혀드리고 조석으로 입에 맞는 반찬으로 끝까지 봉양하셨다. 그 어려운 가운데 삼 남매를 키우셨다. 시댁에서나 친정에서 형님의 위치는 모두를 아우르는 우뚝한 거목이시다.

"나는 평생 통장 하나 가져 본 적이 없네."

돈은 들어오기보다 나갈 구멍이 언제나 먼저 기다리고 있었다고 하신다. 시매부님은 평생을 외국에서 일하셨다. 기술 하나 믿고 맨몸으로 중동과 호주에서 고군분투해 고국의 가족을 부양하셨다. 저축한다는 것은 생각도 못 해보고 사셨지만 딸 둘, 아들 하나를 건장한 대한의 아들딸로 훌륭하게 키우셨다. 끝으로 남매는 유학까지 시킨 열혈 어머니시다.

시누이 집은 '남영동'이다. 서울역에서 버스 두 코스 거리다. 서울을 거쳐야 하는 시골 친인척에게 그곳은 거점이었다. 그때는 나라 전체가 가난했었다.

"한 달에 쌀 한 가마니를 먹었었다네."

그렇다고 밥만 먹을 수 없지 않은가? 밥상 위에 숟가락 하나 더 올리는 것으로 해결되는 것이 아니다.

젊은 남자들은 군대 휴가 나올 때 들르고, 또 귀대할 때 들렀다. 또 밥벌이할 곳을 찾아 상경하는 가난한 시골의 젊은이들도 거처를 마련하기 전까지는 이곳에 머물렀다. 형님 집은 항상 사람들로 북적거렸다. 가끔 토로하시는 말씀 속에는 그 당시의 어려움이 있었다. 밥상 앞에 앉았으면 편하게 먹어야 한다는 것이 형님의 자녀 교육 방침이었다. 나누고 베푸는 삶을 밥상머리에서 가르치셨다. 형님은 시골에서 서울로 올라가는 친인척의 디딤돌이었다.

"우리 집에는 도둑이 들어와 봤자 훔쳐 갈 물건이 하나도 없다네. 나를 가져간다면 모를까?"

형님이 보물이다. 맞는 말이다. 그 어떤 금은보화보다 귀하신 몸이다. 집에는 정말로 필요한 물건 외에는 한 가지도 없다. 한번은 형님 집 냉장고 문을 열었다가 놀란 적이 있다. 냉동실 바닥에 납작하게 얼린 마늘이 한 팩 있을 뿐 아무것도 없었다. 그런데도 깔끔하고 맛깔나는 음식을 한 상 가득 입맛 돋우게 차려 내신다. 우렁각시가 따로 있는 게 아니었다. 문을 열기만 하면 물건이 밖으로 떨어질 만큼 가득 채워진 우리 집 냉장고가 너무 부끄러웠다.

"죽은 엄마가 살아오신다고 해도 일요일에는 갈 수 없네."

형님은 독실한 기독교 신자시다. 평생을 하나님에게 귀의한 삶을 사셨다. 한창 일할 나이에는 교회에서 맡은 임무가 막중했다. 그 자리가 무겁다 보니 부모님 기일이나 조카들 혼례 때도 참례 못 하는 수가 더러 있었다. 제사 때 참석하시는 경우에는 제관들 옆에 좌정하시고 엄숙하게 기도드리는 것으로 예를 다 하셨다.

"올케, 교회에 나오면 좋겠네, 우리 죽어서도 천당에서 만나야 하지 않겠는가?"

"예, 형님, 고려해 보겠습니다."

처음이자 마지막으로 하시는 말씀이었다. 지금까지 한 번도 교회에 다니라고 하신 적이 없다. 정말로 형님을 존경한다. 하지만 종교는 아직 미지수다. 나는 이제껏 어느 종교에도 몸담아 본 적이 없다. 신이 인간을 창조했다지만, 신은 인간이 만들지 않았는지, 의구심이 뇌의 한구석을 점령하고 자리를 내주지 않는다.

시매부님은 청장년기를 외국에서 다 보내시고 늦은 연세에 귀국하셨다. 형님과는 평생을 거의 떨어져 계시다가 노년이 되어서야 한집에 사시게 되었다. 단란하고 아늑한 시간은 그리 길지 않았다. 노독과 여독은 병마를 안겨주었다. 7여 년을 병석에 계시다 영면하셨다. 형님 손으로 병시중 다 들고 보냈으니, 여한이 없으시리라.

나눔과 베풂의 삶이셨다. 형님은 삶의 지향점을 부富에 두지 않으셨다. 사람으로서 해야 할 도리와 정에 둔 어른이셨다. 내 삶에 많은 디딤돌 역할을 해주신 참 어른 우리 형님, 앞으로의 생이 얼마나 남았는지는 아무도 모른다. 남은 기간 그동안의 삶이 보람으로 안기기를 기원한다.

해가 바뀌었다. 일각을 두고 작년과 올해다. 댓돌을 딛고서야 마루로 올라설 수 있었다. 나도 모르게 슬쩍 다녀간 운명의 돛에 실려 왔다가 닻을 내렸다. 잘 내렸으리라 믿으며, 그냥 앞만 보고 살았다. 그 세월이 반세기를 훌쩍 넘었다. 가슴속 저 밑바닥 한구석에 침묵하고 있는 내 어린 시절, 말랑말랑했던 감성은 굳어진 지 오래다. 시간, 세월, 이런 단어들 앞에 마음이 가볍지 않다.

곤봉

쌀값이 제일 싼 세상이다. 살 빼려면 밥을 적게 먹어야 한다고 난리다. 하지만 쌀은 법이고 밥은 생명이던 시절이 있었다. 날마다 다리품을 팔아 그날 먹을 것을 그날 벌어야 했다.

국민학교 6학년 겨울, 산수 시간이었다. 선생님이 칠판에 문제를 내셨다.

"풀 수 있는 사람 나와서 풀어 보세요."

풀 수 있는 문제였다. 그러나 망설였다. 양말을 신지 못한 맨발이 풀지 못했을 때의 망신보다 더 부끄럽고 창피할 것 같아서였다. 발끝을 오그리고 나가 풀었다. 발은 시리고 얼굴은 벌겋게 달아올랐다. '나가지 말걸' 하는 후회는 이미 엎질러진 물이었다.

생떼로 중학교에 입학했다. 제대로 된 교복을 마련할 수 없었다. 상의만 겨우 마련했다. 어머니는 바늘에 찔려 빠짓이 솟는 핏방울을 혀로 핥아가며 스커트를 만드셨다. 구렛빠로 된 플레어스커트는 엉덩이는 빤질빤질해지고 뒤쪽은 축 처져 후줄근했다. 무지무지 싫고 부끄러웠다. 갈기갈기 찢어버리고 싶었다. 철없던 마음이기는 했지만 정말 그때는 그랬다.

체육 시간이었다. 모두 체육복으로 갈아입고 운동장에 모였다. 나에게 제대로 된 체육복이 있을 리 없다. 이 옷이 어떻게 해서 내 몸에까지 오게 되었는지는 모른다. 구호물자로 들어온 재킷이었다. 어깨는 뽕이 볼록하게 들어가고 허리는 몸에 꼭 끼었다. 코르셋으로 허리를 잔뜩 조여도 겨우 들어갈 만한, 팔도 제대로 올릴 수 없는 옷을 입고 운동장에 나갔다.

아무리 눙치고 참으려 해도 창피했다. 매번 같은 반 애들이며 체육 선생님과 눈길을 마주치지 못했다. 모멸감에 숨이 막혔다. 어금니가 아프도록 수치심을 깨물고 뭇사람이 때리는 몰매처럼 아프고 쓰라린 시간을 견뎌내야 했다.

곤봉 체조 시간이었다. 곤봉 살 돈이 있을 리 만무다. 어머니는 창칼을 잡으셨다. 다듬잇방망이만 한 나무를 구해 오셨다. 닭이 홰를 치며 목청을 돋워 새벽을 알릴 때까지 그것을 다듬고 또 다듬으셨다. 그 옆에 누운 나는 소리 없는 울음으로 어깨만 들썩이다 잠이 들었다. 그러나 그 작은 나무토막은 곤봉의 언저리만 훑고 지나갔을 뿐이었다.

"엄마, 나 이거 안 가져가요. 다른 반 친구한테 빌릴래요."

어물쩍 둘러대고 집을 나섰다. 어머니 가슴에 대못을 박았다. 한겨울의 노을이 아무리 붉게 타올라도 내 마음은 섣달 눈 녹은 물처럼 시렸다. 그렇다고 곤봉을 매번 빌릴 수는 없었다. 잘록한 곳을 검지와 중지의 사이에 끼우고 자유자재로 돌려야 되는데 그렇게 될 리 없었다. 잘 돌지 않는 안타까움보다 견딜 수 없는 창피함이 컸다.

"저게 곤봉이야."

수군거림 속에 이죽거림이 묻어 있었다. 가난은 죽음보다 싫었다. 곤봉을 학교에 가져가지 않은 날이면 어머니는 손가락에 피가 맺히도록 그것을 깎고 또 깎으셨다. 번듯하게 사주지 못하는 그 마음, 날 선 칼끝에 깎여 나오는 대팻밥 같은 얇은 나뭇결에 아린 속도 함께 깎아내셨으리라.

절미 항아리가 있었다. 밥 지으려고 퍼온 쌀에서 한 줌 덜어 옆에 둔 작은 단지에 넣었었다. 그렇게 아껴도 봄이면 쌀독이 긁혔다. 주린 배를 물로 채워야 했던 세대가 아직 생존해 있는데 정말 격세지감이 크다.

세상은 참 많이도 바뀌었다. 전기밥솥의 스위치만 누르면 하얀 쌀밥이 절로 되는 세상이다. '자식 입에 밥 들어가는 것하고 자기 논에 물들어가는 것이 제일 보기 좋다.'는 말이 있었다. 지금은 쌀이 남아돌아 비축 창고가 모자란다고 떠들어 댄다. 세상 참 많이 좋아졌다.

기찻길

이른 새벽, 아직 어둠이 깔린 삭연한 길이다. 우리 삼 남매의 등굣길은 겨울이면 별빛 아래 서둘러야 했다. 마음은 항상 급했다. 가은에서 점촌까지 기차로 통학했다. 따뜻한 물로 세수해도 문고리를 잡으면 손이 얼어붙었다.

레일은 서리가 하얗게 발돋움을 한 침목을 베고 누웠다. 얼음을 솜사탕같이 허옇게 물고 있는 자갈에 스치는 발끝이 시리다. 끝없이 평행선을 한 철길 위로 차갑게 내려앉은 달빛은 좁은 어깨를 더욱 움츠러들게 했다. 아스라이 바스러지는 파열음을 들으며 철교를 건너 기차에 몸을 싣는다. 바로 닥치지 않는 위험은 다음 일이고 급한 게 우선이었다. 실은 기차가 운행되는 시간을 꿰고 있었다. 어떤 때는 미처 객차까지 가지 못하고 기관실에 탄 적도 있다. 대합실을 지나 개찰구를 통과하는 일은 아예 없었다.

늘 뛰다시피 했지만 차 시간은 언제나 간당간당했다.

가은선은 화물 수송 선로였다. 화물이 주인이고 사람은 객이던 시절이다. 그때 기차는 지금은 상상할 수 없다. 화물칸에 벽면 쪽으로 나무 의자만 길게 누워있을 때도 있었다. 앉아도 춥고 서도 추웠다. 아버지께서 사 주신 파란 나일론 장갑은 아주 엉성했다. 색깔만 고왔다. 끼나 벗으나 시리기는 매한가지였다. 이빨은 딱딱 물리고 손가락은 빠질 듯이 아팠다.

겹겹의 우뚝 솟은 산봉우리를 지난다. 뭉긋하게 나직이 엎드린 산자락을 강물은 휘돌아 흘렀다. 그 물길 따라 철길도 이어졌다. 터널을 지날 때면 검은 연기와 함께 기적소리를 온 하늘에 뿜어냈다. 한창 멋 내고 싶은 나이다. 검정 상하의에 흰 칼라의 교복은 아주 깔끔하고 정갈해 보였다. 어쩌다 창문 닫은 걸 잊는 날에는 매캐한 냄새와 함께 모래바람 같은 석탄 가루가 열차 칸 안으로 훅 빨려 들어왔다. 흰 깃에 앉은 이 검은 가루는 아무리 털어내도 소용이 없다. 얼굴을 손으로 문지르면 서걱서걱했다.

하굣길, 점촌역에 오면 벌써 어둠이 깔리기 시작한다. 집에 도착할 무렵이면 별이 총총했다. 그래도 등교할 때보다는 덜 춥다. 철길은 아직 덜 식었고 침목에는 성에도 없다. 무엇보다 이제 곧 집이라는 안도감이 추위도 무디게 하였나 보다. 방에 들어오면 윗목에서 잠시 손발을 녹인 다음 콩 자루에 묻었다. 이렇게 해야 동상에 걸리지 않는다고 했다.

시멘트 포장지로 장판을 했다. 콩을 불려 빻아 자루에 넣고 온 방 구석구석을 돌려가며 콩기름을 먹였다. 장판의 수품과 질을 높이는 작업이다. 군불을 넉넉하게 땐 아랫목에는 항상 이불이 온기를 가두고 있었다. 이것을 걷으면 구수한 냄새가 확 올라왔다. 구들목은 뜨거웠고 방에는 훈기가 돌았다.

어느 해 늦봄, 토요일이었다. 친구 몇몇이 낮 기차를 떨궜다. 편도 60리 길, 사춘기 소녀들이 걷기에는 무리인 거리다. 무식하면 용감하고, 겪어보지 않았으니 힘든 정도를 알 리 없다. 5월의 산하는 그들에게 용기를 불어넣었다. 녹음은 싱그러웠고 철쭉은 붉었다. 산기슭의 새빨간 딸기도 한몫했다. 주마간산, 차창 밖으로 볼 때는 지천이던 딸기도 막상 곁에 가서 따려고 하면 별로 딸 것이 없다. 이것도 잠시, 다리는 아프고 배는 고파오는데 길은 줄어들지 않았다. 그렇다고 되돌릴 수도 없는 길, 한 걸음 한 걸음 침목을 세어가며 걷고 또 걸었다. 철길의 평행선은 그들이 걸어야 했던 거리와 평행했다. 목적지는 닿지 않을 것처럼 느껴졌다. 하지만 결국은 해냈다. 이내가 되어서야 우리 집에 도착했다. 친구들 집은 여기서도 한참을 더 가야 한다. 결국 한 친구는 퍼졌다. 저녁 늦은 시각 오빠가 데리러 왔다. 이후 그 친구와의 사이는 더욱 가까워졌고 인연의 골은 깊어져 지금까지 이어지고 있다.

아버지는 철도 공무원이셨다. 어머니는 수십 년을 새벽밥에

도시락을 싸야만 했다. 달빛이 흐려지고 삼태성이 동산 위에 걸리면 그 별을 시계 삼아 아침밥을 지으셨다. 식구는 단출한 다섯뿐이었지만 어머니만 빼고 모두 도시락을 준비해야 했다. 첫새벽에 집을 나선 자식들이 허기진 배를 안고 들어올 시간에 맞춰 따뜻한 밥상을 준비하신다. 기적소리에 귀 기울이고 열차 지나가는 진동에 몸 일으켜 아궁이에 불을 지핀다. 쌀뜨물 끓인 숭늉이 밥그릇 위까지 넘쳐 손을 못 댈 정도로 뜨거웠다. 어머니의 따뜻한 사랑이 얹힌 그 밥은 우리 삼 남매가 바르게 살아갈 수 있는 힘의 원동력이었다.

레일 양쪽에 올라선다. 닿지 않는 손을 억지로 잡고 그 위를 걸었다. 넘어질 듯 자빠질 듯 위태위태했다. 떨어지고 다시 올라서기를 반복하면서 깔깔대던 웃음소리는 자갈이 삼켰다. 쇠붙이에 내린 달빛은 섬뜩하게 차가웠다. 멀리서 기적소리가 들려온다. 어서 집으로 들어가 안방 구들목에 발을 지져야겠다.

빛바랜 추억에 색을 입히고 싶다. 황혼이 아름다운 건 곧 사라지기 때문이 아니라 되새김할 시간이 길기 때문이리라. 스스로 다독이며 위로해 보는 오늘이다.

도장

일을 냈다. 텅 빈 집에는 나 혼자뿐이었다. 대지가 겨울잠에서 깨어나 온갖 식물이 기지개를 켜고 손을 뻗는 볕발 좋은 어느 봄날이었다. 산과 들에는 온갖 나무와 풀들이 자신의 고유한 색을 걸쳐 입고 호리낭창한 자태를 뽐냈다. 아버지는 출근하셨고 오빠들은 학교에 갔었나 보다. 어머니는 봄나물을 채취하러 나가셨을 것이다. 밥상을 풍성하게 할 새싹들이 산지사방에 널렸던 때다. 햇살이 사람을 집 밖으로 불러냈다.

엄나무 순에 윤기가 자르르 흐른다. 햇볕을 받아 반짝이는 이것은 갓 짠 생들기름에서 금방 건져 올린 것처럼 윤이 났다. 참두릅 팔아서 개두릅 사 먹는다는 말도 있다. 그만큼 좋다는 얘기리라. 이 나무가 우리 집 마당 가에 있었다. 나무는 가시로 온통 중무장하고 잎이 다 피었을 때는 손바닥을 펼친 것처럼 다섯

갈래로 갈라졌다. 우리는 눈앞에 두고도 먹을 줄 몰랐다. 이웃에서 약재로 쓴다고 부탁하면 가지를 하나 툭 잘라 주곤 했을 뿐이다. 몰라도 너무 몰랐다. 지금도 두릅보다 훨씬 비싸 선뜻 손이 가지 않는데 그 귀한 것을 그냥 두고 바라만 보았다. 목을 꺾듯이 툭 꺾으면 또 새순이 돋는 것을, 생각할수록 아깝다. 액도 막아 준다고 했다. 새싹에 고운 연두 물들이려 펌프질하느라 너무 바빠 곁눈질할 여유가 없었나. 몸에는 손으로 잡지도 못할 만큼 많은 가시를 가지고 있으면서 그저 우두커니 서 있었다. 나를 지켜주지 않았다. 그 봄날에 일을 저질렀다.

  봄볕이 방문 앞에서 찰랑인다. 걸레질한 툇마루는 윤기가 돌았다. 봉당에 벗어 둔 고무신에는 햇살이 숨어들어 깜박깜박 졸고 있다. 담 넘어 못자리에는 햇모가 자라고 개구리는 어느새 알을 낳았다. 이들의 합창 소리는 자장가였다. 엉덩이에 묻은 햇살을 털어내고 마루에 누웠다. 아리잠작하게 눈꺼풀이 자꾸 감기는 노곤한 점심 식후였다. 깎은 밤같이 말끔한 총각으로 보이는 젊은 사람이 찾아왔다. 반질반질한 마루에 걸터앉았다. 알 수 없는 서류를 내놓고 장황하게 설명했다. 대충 유추해 보면 짐작되는 것이 있다. 우리 집은 철로 변에 있었다. 집이 자리한 곳이 일정 부분 접도 구역에 포함되어 있으니 철거해야 한다는 내용이었던 것 같다.

  "어른들이 계시면 분명히 이곳에 서명하고 도장을 찍어 주셨을 겁니다."

 어르고 달랬다. 또 가끔은 윽박지르고 겁도 주었다. 사태를 파악하기에는 아직 어렸다. 사리 분별이 미성숙한 어린 여자애가 감당하기에는 벅찬 일이었다. 인장이 있는 곳을 아는 나는 거짓말을 하지 못했다. 도장을 갖다주었다. 까만 글자가 끝나는 자리에 빨간 인주가 선명했다. 그 빛은 찍고 보니 손가락을 베었을 때 빠짓이 배어 나오는 핏물 같았다. 가슴이 덜컥 내려앉았다. 마구 방망이질 쳤다. 화난 아버지의 얼굴이 겹으로 밀려왔다.

 사방이 첩첩산중이다. 하늘도 좁고 땅도 좁았다. 광산이 없었다면 집성촌으로 자작일촌을 이루며 도래도래 모여 살았을 시골의 작은 어느 한 마을에 지나지 않았을 것이다. 석탄을 채굴하고 실어 나르기 위해 철로가 생겨났다. 밥숟가락 수북하게 해 본 일 없는, 하루 벌어 하루 사는 일일 노동자를 불러들였다. 할아버지는 전지를 팔아 고향을 떴다. 많은 식구에 그 돈은 하루가 멀다고 사라졌다. 가세는 새벽안개처럼 자욱하여 앞이 보이지 않았다. 아버지도 일을 찾아 이곳까지 흘러들었다. 그래도 다행히 철도 공무원이 되셨다. 철로 변에 집을 마련했다.

 늦은 오후다. 가족이 모두 귀가할 시간이다. 누구 얼굴도 반갑게 맞이할 수 없었다. 그렇게도 기다리던 어머니도 늦게 오시면 좋을 것만 같았다. 아버지가 퇴근하셔서 알게 되었다. 엄마 뒤에 숨었다. 두려움으로 전신에 소름이 돋고 오들오들 떨렸다. 나를 크게 나무라지 않으시고 어머니만 야단치셨다. 애들 교육 제대로 시키지 못했다고 모든 화와 원망을 쏟아 내시며 낙심하시는 모습에 너무 죄스러웠다. 목소리는 울음으로 범벅이 되었고 손에는 땀이 촉촉하게 배어 나왔다. 눈에는 눈물이 금방이라도 툭 떨어질 것처럼 흥건하게 고였다. 결과는 어떻게 되었는지 모른다. 우리는 계속 그곳에 살았다. 우리 삼 남매의 학창 시절을 다 보내고 두 오빠의 혼례도 그 집에서 치렀다.

오랜 세월이 흘렀다. 큰오빠 직장 따라 타지로 이사를 했다. 두 오빠 다 국가의 녹을 먹고 일생을 무난하게 사셨다. 모두 공무원이셨던 아버지 덕이리라. 철모르고 빨간 인주 묻혀 찍은 도장으로 인해 쫓겨나는 일은 없었다. 그 후 집은 사라지고 논으로 변했다. 댓돌 위에 헤실헤실 퍼지던 그 봄 햇살은 여린 모의 갈피에 숨어들고, 우리는 그곳을 떠나 대구에 뿌리를 내렸다.

숱한 애환이 묻혀 있던 집이다. 집은 흔적도 없이 사라졌다. 부모님은 유명을 달리하셨고 반겨줄 친인척 한 사람 없다. 안태고향도 아니다. 하지만 젊은 시절 절망 가운데도 희망의 끈을 놓지 않았던 제2의 고향이다. 산천만이 그대로다. 흙먼지 날리던 도로는 말끔하게 포장되었다. 잊지 말고, 찾아오라고 골골이 길 닦아 놓고 계절이 바뀔 때마다 두 손 모아 합장하듯 기다리는 길가의 가로수가 애잖다. 봄볕이 나뭇잎을 연두로 물들인다. 더 더워지기 전에 한번 다녀와야겠다.

디딜방아

간밤에 비가 내렸다. 입동을 지난 가을비는 겨울을 재촉한다. 기온이 뚝 떨어졌다. 추수가 끝난 빈 들판, 이슬 먹고 자란 초목이 서리에 누웠다. 내년을 기약하며 더 멀어진 하늘, 감사한 마음 담아 풀들이 고개를 숙인다. 똑같은 내년을 맞을 수 없는 인생사, 매년 새로운 해를 맞을 수 있음에 감사하는 마음으로 오늘을 산다. 11월, 얼마 남지 않은 마당가의 감나무잎에는 가을마당의 이야기가 대롱대롱 매달려 있다가 곧 찬바람과 함께 겨울에 묻히리라.

가을은 풍요롭다. 온갖 곡식의 타작이 이루어지는 가을마당, 나락을 비롯해 콩, 팥, 깨 등 모든 일용할 양식을 이곳에서 손질한다. 타작이 시작되기 전에 마당을 다듬는다. 할아버지는 비가 내리면 골 진 곳을 메워 울퉁불퉁한 곳 없이 매끈하게 고르셨다.

무심코 지나갔다가는 불호령이 떨어졌다. 모두 정신 바짝 차리고 마당가로 돌아다녔다. 낯설고 물선 곳에서 벗겨지지 않는 가장이라는 굴레는 오죽이나 전신을 옥쬈으랴.

사랑채 뒷간 앞 화단에는 황국이 있었다. 간밤에 내린 서리로 국화 머리가 축 처졌다. 파란 하늘에 흰 구름이 자리를 내주는 날이면 콩 타작하는 날이다. 이른 아침부터 콩대를 가득 펴 놓는다. 해가 올라 물기가 마르면 도리깨로 휘둘러 팬다. 콩꼬투리는 아프다는 소리 한번 질러보지 못하고 속을 토해냈다. 곧 생을 다할 노란 국화가 사람의 손에 거둬지는 콩을 부러운 듯 눈을 깔고 내려다보고 있는 듯했다.

손질한 마당 밖으로 튀어나온 알 콩이 부지기수다. 꾸중 듣고 쫓겨난 아이가 엄마를 기다리듯 나의 손을 기다린다. 부지런히 옮겨 다니며 안으로 집어넣는다. 몇 개 가지고 구슬 놀이하듯 놀 때는 좋았지만 해도 해도 끝없는 이 일은 너무 지루했다. 마실 나온 바람이 산그림자를 빨리 몰아 마당에 먹물이 들기를 기다렸다. 쇠죽솥에 쇠죽을 안치고 콩깍지를 지피면 구수한 내음이 마당 가득 퍼졌다. 가을마당은 푸근했다.

아래위 뜸에는 우리 집과 함께 고향을 떠나 이곳에 자리 잡은 일가 어른 댁이 있었다. 콩을 빻으려 디딜방아가 있는 위 뜸에 갔다. 우리 집 마당 바로 앞에도 방아가 있었다. 굳이 조금 떨어진 그곳까지 간 것은 아마도 성능이 더 좋아서였나 보다. 누구와

같이 갔었는지는 생각나지 않는다. 기억의 저편에 닫힌 문은 열릴 생각을 잊은 지 오래다.

디딜방아를 찧는다. 어른은 방아 양다리에 한 발씩 올리고 천장에 매달린 줄을 잡는다. 꼰지발을 딛고 올라가 보기도 했지만 어림없었다. 돌확 앞에 쪼그리고 앉아 언저리에 튀어나온 콩을 확 안으로 쓸어 넣는 것이 나의 일이었다. 일곱 살쯤으로 생각된다. 방아에 손을 다치지 않게 조심조심 비질하다가 그만 내려오는 공이에 머리를 부딪히고 말았다. 피가 줄줄 흘렀다. 상처 난 곳에는 장독에서 퍼온 된장이 한 뭉텅이 올려졌다. 병원도 약도 없었다. 어른들은 의사였고 오직 듣고 전해 내려온 지혜가 처방전이었으며 된장이 약이었다.

어른들 말씀에 죄 없는 일은 잘 풀린다고 했다. 어디에 근거한 말인지는 몰라도 착하게 살면 무슨 일이든 잘될 테니 선하게 살아야 한다는 의미를 품고 있는 듯하다. '죄 없는 일'이라 얼마 만에 상처가 아물었는지는 알 수 없다. 하지만 지금처럼 병원 가서 소독하고 꿰맸으면 없을 흉터가 아직 남아 있다. 왼 가르마를 조금만 비켜 타다 보면 그때의 흔적이 숨어있다가 고개를 내민다.

디딜방아는 찧기, 쓿기, 빻기 등 우리의 음식을 만들기 위한 전前 과정을 다하는 기구였다. 나락을 찧어 밥을 짓고, 보리는 아시 쓿기 해 두었다가 두벌 찧어야 밥을 지을 수 있었다. 쌀을 빻아 떡을 만들고, 고두밥에 누룩을 섞어 술을 빚었다. 조상 받들고 어른 섬기는 우리 어머니들의 노고가 깃든 도구다. 한편으로는 시집살이의 고달픈 사연을 묻어 두었다가 푸는 장소도 되었다. 낮 얘기는 새가 듣고, 밤 얘기는 쥐가 듣는다고 한다. 하지만 나라님 흉도, 듣지 않는 곳에서는 한다고 하지 않는가?

디딜방앗간은 전시대 여인들 애환의 장소였다. 할머니, 어머니는 물론 어린 여자아이도 손을 보태야 했다. 고부나 동서의 협업이 이루어지는 곳, 혼자서는 아무것도 할 수 없다. 꾸중 들었던 일도 마뜩잖았던 일도 이때 모두 푼다. 디딜방아가 떠난 자리가 휑하다. 그 방앗간에서 삶의 일부분을 함께했던 할머니, 어머니, 작은엄마는 도돌이표 없는 길을 떠난 지 오래다. 신神을 빌어 만류도 해보았지만, 만사가 허사였다. 운명은 지엄했다. 조금이라도 남아있는 것, 다 잃어버리기 전에 낡은 시골 버스에 몸을 실어야겠다.

담 너머 개울가에는 소동나무가 있었다. 소동 기름으로 등잔불을 밝혔었다. 그 열매는 올해도 변함없이 옹골차게 여물었으려나. 웃비만 들면 물이 확 줄어들던 도랑, 빨래 두들겨 빨던 빨랫돌은 아직 그대로겠지. 눈앞에 어른거려 잡힐 듯한 지난 한때가 가을비에 젖어 바닥에 착 달라붙은 나뭇잎 같다. 가슴을 적시며 파고드는 시린 겨울이 성큼 걸음으로 문턱을 넘을 날이 머잖다. 떠나기 싫어 미적거리는 늦가을의 저녁노을이 붉다.

상주 동학교당

잿빛 지붕 위로 가을 햇살이 빗질하듯 내리는 날이다. 성주봉이 야트막하게 와서 멈춘 이 산의 오지랖인 상주 은척 우기리에 동학교의 본당이 머리를 맞대고 앉아 있다. 초가지붕을 이고 있는 건물은 이엉을 이을 때가 되어서 그런지 낡아 보였고, 많은 사람의 관심과 돌봄이 필요해 보였다. 교당은 초가지붕이었고 유물 전시관만 근래에 새로 지었다. 동학의 역사와 수난의 아픔이 당우에 그대로 녹아 있는 듯해 가슴이 아렸다. 여름 장마에 고였던 물 마른자리에는 물이끼 흔적이 남아 있고 푸석한 흙담이 손길을 기다리는 듯했다. 사람의 발길이 뜸한 것을 한눈에 알아볼 수 있었다.

상주동학문화제가 열린다는 소식에 등짝을 떠밀리듯 한달음에 달려갔다. 고향이란 떠올리는 순간부터 아련하고 애틋하며 가슴 설레게 한다. 동학에 귀의하여 평화와 평등, 안녕을 얻고, 격변의 시대에 자식을 온전히 건사할 수 있기를 염원하면서, 고향을 등지고 이곳에 뿌리를 내리려 하셨던 윗대 어른들의 숨결을 다시 한번 느껴보고 싶었다.

추색이 완연했다. 사벌벌 너른 들판은 황금물결로 넘실댔다. 길가에 피어 있는 코스모스는 고향을 찾은 옛 주인을 손 흔들며 반겨주고, 우리 집 마당가에 있던 대봉감도 붉은빛을 띠기 시작했다. 민족의 한을 담은 푸르던 성주봉 산빛에도 누런빛이 숨어들었다. 자연에서는 그토록 갈망했던 평화와 안녕이 넘치는 듯 보였다.

5년 전에 이곳을 찾았었다. 그때는 교주인 김주희 선생의 자부 되시는 곽아기 어른께서 100여 년 가까이 이곳을 지키고 계셨다. 92세의 고령임에도 불구하고 아주 정정하고 당당하셨다. 일제강점기, 일제는 낱낱 인간의 힘이 모여 큰 힘이 되는 것을 두려워했다. 그들의 옥죄는 탄압으로 국토는 흐느끼고 산하는 신음했다. 그 고통의 소리를 들으면서도 조상의 유산을 지켜낸 것에 대한 자부심이 대단하셨다. 그런데 이번에 가니 계시지 않았다.

"어른은요?"

"지금 요양병원에 계십니다."

모진 세월을 온몸으로 겪으면서 강인함이 길러져 거의 한 세기를 수할 수 있었으나 이제 그 힘이 다 삭아져 내리려 하나 보다. 세월 이기는 장사가 어디 있으랴.

동학은 '사람이 곧 하늘'이라는 '인내천'이 중심사상이다. 봉건제도의 모순과 신분 차별의 악습, 외세 침략으로 인한 사회적, 국가적 불안으로 도탄에 허덕이던 민초들에게 인간의 존엄과 만민 평등사상을 심어 주었다. 우리 민족이 지향해야 할 가치와 인류의 보편적 가치로 나아가는 중심에 창시자인 수운水雲 최제우崔濟愚 선생의 정신을 이어받은 남 접주 삼풍三豊 김주희金周熙 교주가 있었다.

선생은 이곳에 터를 잡고 교당을 창건했다. 동학 경전을 간행하는 등 교세 확장에 심혈을 기울였다. 굶주린 눈에서 자라나는 분노를 잠재우고, 반일 저항 의식 위에 내적 소양을 쌓는 포교 활동을 통해 백성들에게 삶의 방향을 제시했다. 강자와 불의 앞에는 당당하고, 약자에게는 한없이 겸손하고 몸을 낮춰 사람들을 품었다. 사람들이 제법 많이 모여들었다. 박해와 순교의 역사를 거룩하고 또 두렵게 받아들였다.

빛바랜 고가의 빗장을 열었다. 약간 기운 듯한 제상이 있다. 높은 제상에는 밥그릇 세 개와 청수 그릇 세 개가 놓여 있다. 천天, 지地, 인人을 위해 제사를 지냈다고 했다. 윤이 돌아야 할 제기祭器에는 뽀얀 먼지가 고달픈 듯 앉아 그 옛날의 북적이던 시절을 그리워하는 듯 보였다. 제례 행사는 행해지지 않는 것 같았다. 동학은 현재진행형이 아닌 우리의 유산으로만 남아 있는 것으로 보였다.

시대는 바뀌었다. 물질 만능 시대다. 모든 게 풍요로워졌다. 배고픈 사람 헐벗은 사람은 없다. 쌀값이 제일 싸고 버려지는 음식이 부지기수다. 능력 위주 무한 경쟁사회에서 모두가 꼭대기만 바라본다. '나'만 있고 '우리'는 없다. 주변을 돌아보며 더불어 살아가야 하는데 세상인심이 외곬으로 흐르는 것 같아 안타깝다. 나 또한 변명의 여지가 없다. 자신이 부끄러울 뿐이다.

전시관에는 동학의 역사와 수난의 아픔을 간직한 각종 유물이 전시되어 있다. 중요한 것은 화재로 인한 유실을 염려해 지하에 보관하고 있다고 했다. 상주 동학 기록물은 이 교가 추구했던 사상과 가치를 인정받아 지방 문화재가 되었으며, 2013년에는 국가 주요 기록물로 지정되어 국가적인 가치를 공인받았다.

동학은 평등이 기본 사상이다. 이곳 유적, 유물은 문화적으로 그 가치가 매우 높다. '상주동학문화재단'에서는 이곳 교당에 보관 중인 기록물을 유네스코가 지정하는 세계기록유산으로 등재하기 위해 다양한 운동을 펼치고 있다. 이번 문화제를 통하여 이 교가 추구했던 생명과 인간, 평화를 존중하는 사상과 기록물에 대한 가치를 재조명하고 민족의 역사를 뒤돌아볼 수 있는 계기가 되기를 바란다. 이러한 행사가 연중행사인 일회성으로 그치지 않고, 언제든지 누구나 방문해서 수난의 역사 속에 민중을 일깨우려 목숨을 바친 많은 선현의 삶이 있었음을 배우는 장소로 거듭나기를 바란다. 우리가 먼저 아끼고 사랑해야 세계인의 관심을 받게 될 것이다.

 이 가을이 지나면 잿빛 지붕이 황금빛으로 바뀔 것이다. 겉모습만 바뀌는 것이 아니라 내실을 알차게 가꾸어 세계 어디에 내놔도 당당한 우리 유산으로 자리 잡기를 바란다. 먼지 쌓였던 제기에는 윤기가 돌고 하늘의 기운이 이 땅에 내려 인간이 지향해야 하는 올바른 불변의 가치를 제시하는 곳으로 거듭나기를 기대한다. 물이끼 끼었던 자리에 사람의 발길이 머물러 이곳에 온기가 가득하기를 바라는 마음으로 두 손을 모은다.

세월아 나 좀 봐줘

"선생님, 왜 몇 년 동안 약을 먹었는데도 좋아지지 않나요."

"약을 먹는다고 20대로 돌아갈 수는 없지 않겠어요. 더 나빠지지 않는 게 얼마나 다행입니까?"

1년에 한 번씩 골밀도 검사를 받고 처방받아 수년째 약을 먹고 있다. 수치는 항상 경계선에서 위험한 쪽을 넘보면서 좋아질 기미를 보이지 않는다. 기대와 실망을 거듭하면서 애꿎은 세월만 원망한다.

이 세상에서 가장 공평한 것은 시간이다. 억만장자와 거지, 황제와 노비에게도 하루는 24시간, 1년은 365일 똑같이 주어진다. 이것을 어떻게 활용하는가에 따라 각자의 그림에는 많은 차이가 있을 수밖에 없을 것이다.

그 어떤 것보다도 가장 큰 형벌은 시간을 빼앗는 것이라고 했다. 영어囹圄의 몸이 되어 교도소에서 수십 년 동안 수감생활을 한 사람을 가끔 뉴스에서 접하게 될 때가 있다. 그것도 오판으로 인한 옥살이로 긴 세월을 보냈다면 이보다 더 분통 터지고 억울한 일은 없을 것이다. 무엇으로 보상받을 수 있단 말인가? 전지전능하여 우주 만물을 창조하신 하느님도 지난 시간을 되돌릴 수는 없다. 세월이란 달래고 어루만지면서 함께 가는 수밖에 별다른 도리가 없는 것 같다.

내 몸 마디마디에 침투해 나를 골탕 먹이는 괴물이 있다.

"당뇨나 혈압 있으세요?"

병원에 가면 첫 번째 질문이 이것이다. 나이 지긋한 사람이면 대부분이 이 병을 가지고 있다. 다행히도 내 몸에는 이놈들은 키우지 않고 있다. 그런데 관절이 문제다. 안 아픈 마디가 없다. 젊은 시절 한때는 한의원 가서 침 맞는 사람들을 보면 대단해 보였다. 어떻게 살에 바늘을 꽂을 수 있는지 의아해하면서 무서워했었다. 사람이 급하면 못 하는 것이 없게 되나 보다. 지금은 한의원의 '단골손님'이 되어 버렸다.

"왜 이렇게 치료를 자주 하는데 아픈 데는 늘어나나요?"

"세월 때문이지요."

웃었다. 또한 허무했다. 관절마다 연골을 갉아 먹는 괴물은 세월이었다. 어디 관절뿐이랴.

뇌는 텅텅 비어 어제 일을 기억 못 한다. 하고자 했던 말은 혀 끝에 맴돌며 의도했던 것과는 다른 엉뚱한 낱말을 내뱉는다. 다리의 힘은 점점 떨어져 그 좋아하던 산을 아래서 쳐다보는 것으로 만족해야만 한다. 설악산에서 암봉이 가장 빼어나고 험하다는 마등령에서 무너미고개까지 5km 이르는 공룡능선을 걸었었다. 다음에는 건너다보이는 화채능선을 걸어 보리라고 다짐했었는데 다짐으로 끝나고 말았다. 내일과 다음은 닥쳐봐야 안다. 기회는 주어졌을 때 잡아야 한다. 세월은 기다려 주지 않는다. 우리는 항상 오늘을 살 뿐이다.

나의 버킷 리스트 중 하나는 6대륙을 밟아보는 것이다. 마지막 남은 한 대륙인 아프리카의 케이프타운(희망봉)에 서서 한쪽으로 고개를 돌리면 대서양을 다른 쪽으로 돌리면 인도양을 바라보며 소리쳐 보고 싶었다.

"꿈은 꾸는 자의 것이다."

깜냥이 되지 않아도 상관없다. 꾸지 않으면 기회는 영원히 잠만 자고 있을 테니까. 물거품이 되지 않기를 바랄 뿐이다.

희망봉에서 바라보는 곳에 감옥의 섬 '로벤섬'이 있다. 넬슨 만델라는 나병환자의 격리 및 정치범 수용소인 이 섬에 갇혀 18년 동안 감옥 생활을 했다. 자유와 평등, 민주주의를 위해 투쟁했던 남아공의 흑인 대통령이었던 그를 생각하며 '나'를 한번 돌아보고 싶다. 나는 무엇을 위해 살며 어떤 노력을 하고 있는가. 바다와 하늘을 향해 두 팔 벌리고 외쳐 보리라. 그런데 세월뿐이 아니다. 예상치 못한 복병 코로나까지 발목을 잡고 있어 계획에 차질을 주고 있다. 바이러스는 갈 길 바쁜 사람을 물고 늘어지는데 야속한 세월(괴물)은 잡혀주지를 않는다.

  기억의 저편에 차곡차곡 접어 두었던 어릴 적에 있었던 일은 그런대로 생각난다. 하지만 근래의 것은 어제의 일도 기억을 못할 때가 있다. 열심히 글 읽고 쓰면 뇌가 천천히 퇴화한다고 해 나름대로 노력하건만 효과가 있는지는 알 수가 없다. 세월이란 무지막지한 괴물은 뼈마디뿐만이 아니라, 나의 몸 어느 곳 하나 성한 데 남겨두지 않고 온몸을 공격해 만신창이로 만들어 버린다. '세월 이기는 장사 없다.'는 말이 있다. 장사도 못 이기는 세월을 내가 무슨 수로 이긴단 말인가. 어르고 달래 손잡고 같이 가는 수밖에.

  "세월아, 나 좀 봐줘!"

운전석 옆자리에 아들 태운 날

　마흔 후반에 운전면허 시험에 도전했다. 남편 옆자리에 늘 앉다 보니 운전 용어는 별 어려움이 없었다. 운전 학원 강사는 필기시험부터 합격하고 실기를 해야 한다고 가르쳐 주기를 꺼렸다. 집에서 예상 문제를 풀어 보니 별문제 없이 통과할 수 있을 것 같았다. 젊지도 않으면서 기능까지 한목에 하려고 한다고 강사는 노골적으로 싫은 기색을 보였다. 첫 번째 도전에서 필기시험은 거의 만점에 가까운 점수로 합격했다. 역시 실기가 문제였다. T 코스에서 후진하다가 선에 물리고 말았다. 하지만 두 번째 도전에서 당당히 합격했다. 그것도 1종 보통이었다.
　운전면허증은 운전할 수 있다는 증이 아니었다. 이 증은 내 손 안에 있을 뿐, 차는 내 밖의 많은 위험 요인을 간직하고 위협하는 괴물이었다. 전문가에게 연수도 받았다. 온갖 서러움 다 받아

가며 남편으로부터 실습도 했다. 운전 연수하다가 이혼한 부부도 있다는 말이 빈말은 아니었다. 다시는 핸들을 잡지 않으리라 다짐하기를 여러 번 했다. 지금까지 운전 안 하고도 살았는데 꼭 이것을 해야 하나, 몇 번을 포기하고 싶었는지 모른다. 하지만 그때 참고 견딘 덕에 가끔 핸들을 잡을 수 있어서 좋다.

5월의 화창한 어느 일요일, 아들이 나가 보자고 했다. 두근거리는 가슴을 안고 주머니에는 단돈 만 원짜리 한 장 달랑 넣었다. 첫 손님(?)으로 내 운전석 옆자리에 아들을 태우고 집을 나섰다. 처음에는 집 근처 사거리를 몇 바퀴 돌았다. 도로에 차가 없어서인지 별 어려움 없이 운전할 수 있었다.

"엄마, 잘하세요. 우리 멀리 한번 나가 봐요."

"그럴까? 할 수 있겠지?"

이렇게 하여 남편하고 몇 번 연수차 가봤던 팔공산으로 핸들을 돌렸다. 무태로 들어서자, 왕복 2차로에는 내 뒤로 주말 나들이 나온 차들로 꼬리가 보이지 않았다. 비켜 줄 수도 빨리 달릴 수도 없는 난감한 입장이었다. 황당하고 죽을 것만 같이 무서웠다. 그런데 얼마큼 가다가 농로를 발견하고 비켜 주려고 핸들을 꺾고 브레이크를 밟는다는 것이 액셀러레이터를 밟았다. 순간 차를 논으로 처박고 말았다. 정말 다행으로 나와 아들은 아무 이상이 없었다.

막다른 처지다. 염치와 부끄러움은 여유 있을 때의 사치한 용어다. 오히려 생각지도 못했던 용기가 생겼다. 근처에 계신 분께 도움을 요청했다. 걱정하는 사람들이 많았다. 경운기로 끌어올리면 된다는 사람, 차로 끌어올려야 된다는 사람, 저마다 한마디씩 하지만 실속은 없었다. '하늘이 무너져도 솟아날 구멍이 있다.'는 말은 진실이었다. 주위의 여러 사람 가운데 정비공장 공장장이 계셨다.

"아들은 왜 태우고 나옵니까?"

주제 파악도 못 하고 위험한 행동을 한다고 생각하셨는지 그분이 혼을 내셨다. 주머니에 만 원밖에 없다는 것은 꼭꼭 숨긴 채 견인을 부탁했다. 10분도 채 걸리지 않고 견인차가 도착했다. 견인비는 내일 공장으로 찾아뵙고 주기로 약속했다. 우직하게 제자리를 지키며 살아가는 사람들이 있기에 이 사회는 아직도 살맛 난다. 차는 도로로 올라왔지만, 도저히 운전대를 잡을 수가 없었다. 가까이 있는 개울가로 좀 옮겨 달라고 부탁했다.

탱자나무 울타리에 처박힌 차는 백미러 한쪽이 부서지고 엉망이 되었다. 집에서 걱정할까 봐 세차해서 간다고 전화하고는 개울가 구멍가게에서 비누와 수세미를 샀다. 남편에게 들키지 않으려고 열심히 닦았다. 남편은 차의 코팅이 다 벗어졌다며 다음에는 녹색 수세미로는 닦으면 안 된다고 했다. 세심하지 않은 남편이 얼마나 고맙던지. 대성공이다. 지금까지 남편은 모른다. 아들과는 죽을 때까지 너와 나만 알고 가자고 약속했다.

이렇게 시작된 운전이다. 아들을 첫 손님(?)으로 태웠다가 혼이 났던 운전은 고등학교 내내 통학시킬 수 있는 실력으로 발전했다. 고속도로를 타고 서울, 부산, 대전도 달렸다. 렌트한 차로 제주도를 누비기도 했었다. 나이 많다는 학원 강사의 무시를 참은 보람으로 한 가지 기능을 갖게 되었으니 기쁘지 아니한가. 하지만 지금은 아들 옆자리가 편안할 만큼 세월이 흘렀다. 자율 주행 승용차가 상용화 보편화되기만을 기다리는 처지가 되었다.

카키색 제복의 구세주

볕발 고른 날이었다. 하늘은 맑고 비 갠 산은 싱싱했다. 어머니는 누런 광목을 물에 적셔 강변에 너셨다. 아침나절부터 해가 기울 때까지 적시고 말리기를 반복했다. 그러면 누렇던 피륙이 하얗게 변했다. 여식이 결혼할 때가 되었다. 사주단자를 받으면 이불을 꿰맸다. 빛바랜 광목을 풀 먹여 다듬질한다. 비단 금침의 홑청을 만들려고 천을 찢어 마름했다. 맑고 청아한 소리가 귀를 때렸다. 지금 저 하늘을 찢으면 그때 들었던 소리가 들릴 것만 같다.

카키색 지프차가 온다. 손을 들었다. 그때 머리에는 아무 생각도 없었다. 미리 계산하고 행한 행동이 아니었다. 순간적으로 그렇게 취하게 되었을 뿐이다. 코너에 몰린 쥐가 고양이에게 덤벼들듯 물러설 곳이 없는 벼랑 끝에 서게 되니 무의식적으로 차를 세웠다. 체면이나 부끄러움 같은 것은 조금이라도 여유가 있을 때의 일이다. 극한 상황에서 이것저것 살핀다는 것은 허세다.

근 50여 년 전의 일이다. 녹음 방창한 5월 초였다. 둘째 오빠가 정대국민학교로 부임했다. 외지에서 대구로 들어오면서 벽지인 이 학교로 오게 되었다. 모든 것이 낯설고 서툴렀을 것이다. 나는 결혼해서 먼저 대구에 자리 잡고 있었다. 그때 정대 가는 버스는 대신동에서 출발했다. 쌀을 한 가마니 사 오라는 부탁을 받고 애 셋하고 함께 버스를 타고 정대로 향했다. 요즈음은 차 없으면 외출을 엄두도 내지 못하지만, 그때는 업고 손잡고 걸리면서 친정도 가고 시장도 예사로 다녔다.

정대국민학교는 가창에서 출발해 헐티재를 넘어 청도 각북으로 가는 길섶에 있었다. 가창댐을 지나 강 따라 굽이굽이 도는 길옆의 나무는 철 따라 옷을 바꾸어 입었다. 비포장도로에 버스는 요동을 쳤다. 댐을 지나 얼마 가지 않아 집이 두어 채 있고 큰 보호수가 있는 곳에 차가 멈춰 섰다. 전날 내린 비로 길이 무너져 차량이 통행할 수 없다고 했다. 멎어 있는 차에 앉아 망연자실하는 사람은 나밖에 없었다. 사람들은 말 한마디 없이 내려 걷기 시작했다. 이 일은 나에게만 특별한 일이고 그들에게는 일상으로 있는 예삿일이었다.

길옆에 있는 집은 가게인 듯이 보였다. 하지만 물건이 진열된 것은 보이지 않았다. 그곳에 젊은이 몇 명이 있었다. 그들에게 쌀가마니를 그곳까지 좀 옮겨 달라고 부탁했다. 진퇴양난은 이럴 때를 두고 나온 말인 것 같다. 집으로 돌아올 수도, 그렇다고 학교까지의 거리가 얼마인지도 모르면서 애 셋을 데리고 걷는다는 것은 무모한 일이 아닐 수 없었다.

 미적거리고 있을 수만은 없었다. 곧바로 결단을 내리고 걷기로 작심했다. 한 번도 가보지 않은 미지의 길은 가늠이 불가능하다. 도전 뒤의 고통은 아직 닥치지 않은 일이니 해보지도 않고 좌절하고만 있을 수는 없었다. 그때 지프차가 오는 것이 보였다. 큰 차는 지나갈 수 없어도 작은 차는 통행이 가능했다. '하늘은 스스로 돕는 자를 돕는다.'는 말은 진리임이 틀림없다. 만약 집으로 되돌아오려고 발길을 돌렸더라면 이런 기회를 맞을 수 없었을 것이다.

 차가 멈췄다. 지프차에는 영관급 한 명과 사병 한 명, 운전병이 타고 있었다. 명령에 죽고 사는 운전하는 병사의 앳된 얼굴에는 웃음기라고는 없었다. 사정을 얘기했다. 평소 같으면 운도 못 뗄 말이 잘도 튀어나왔다. 용기는 위기를 뛰어넘었다. 물론 쌀가마니는 그곳에 두고 애들과 나만 탔다. 차에 오르느라고 잡은 그 손은 나락에 떨어지려는 몸을 잡아주는 구세주였다. 또 딛고 오르는 디딤판은 지옥에서 천국으로 오르는 사다리였다.

 산등성이 나뭇잎들은 햇살에 살아났다. 5월의 태양은 찬양하듯 눈부시게 빛났으며 두려워 콩닥이는 마음을 다독여 주었다. 간밤의 비에 할퀸 도로는 앞섶을 열어 길을 내주며 일상에서 감사한 마음을 가질 것을 깨우쳐 주는 듯했다. 열린 창으로 튕겨 나갈 것만 같은 애들을 잡는 데 온 신경이 곤두섰다. 그러느라 빗물로 세수한 눈부신 꽃과 나뭇잎의 고운 자태는 눈에 담을 겨를이 없었다.

오빠는 그 밤에 쌀을 싣고 왔다. 학교에서 일 돌보는 분과 리어카를 끌고 하현달로 접어든 달빛에 비치는 자신의 그림자를 밟으며 버거운 먼 밤길을 다녀왔다. 시간이 조금 지나 그곳 생활에 익숙해지자, 오염되지 않은 청정 식품을 얼마든지 구할 수 있었다. 학교 앞으로 흐르는 작은 내에 사는 송사리, 붕어, 다슬기가 식탁을 풍성하게 하고, 해 진 뒤 풀잎에 맺힌 이슬이 아침을 깨우는 곳이었다.

다시 5월이다. 늦은 봄비가 그쳤다. 비포장도로였던 그 길은 말끔하게 포장된 지 오래다. 뽀얀 옥양목을 던지면 푸른 물이 들 것처럼 맑고 파란 하늘이다. 초록 이파리들도 질세라 깨끗함을 뽐낸다. 국방의 의무를 다하면서 소시민의 고충을 외면하지 않았던 카키색 제복의 군인 아저씨. 팽팽한 긴장감 속에 금방 눈물이 쏟아질 것만 같은 순간, 이 세상에서 가장 귀한 선물을 안겨 주었던 대한민국 국군. 그 고마움을 다시 한번 가슴에 새긴다. 그때의 일은 빛바래고 먼지 쌓인 생각에 한줄기 비 같은 존재다. 세모에 통장의 잔고를 살피듯 오랫동안 묻어 두었던 소중한 한 때를 아끼며 주변을 돌아보리라.

파놉티콘

문을 나선다. 오늘은 또 몇 번이나 '보이지 않는 눈'에 의해 내 하루치 삶의 조각들을 도둑맞으려나. CCTV는 매일 내 몸을 훑는다. 현관문이 경계선이다. 어디에 어떤 모습으로 숨어있는지 몰라 몸을 사린다. 매의 눈으로 주어진 일에 빈틈이 없는 주먹만 한 기계에 책잡히지 않으려 날마다 자세를 고쳐 잡는다. '대도무문大道無門', 큰길에는 문도 없다지 않는가. 거리낄 것이 무엇 있으랴. 정심正心으로 너의 눈과 정면 돌파하리라.

'파놉티콘'은 영국에서 출발한 감옥 양식이다. 소수 인력으로 수형자를 감시할 수 있도록 설계되었다. 중앙에 감시탑을 세운다. 이것을 중심으로 사방을 원형 형태로 에워싼다. 수감자들의 공간은 밝게 하고 감시자의 자리는 어둡게 한다. 일거수일투족이 잡힌다. 죄의 굴레보다 더한 굴레가 씌워진다. 그들은 아무것도 모르는 사이에 그 생활에 점차 젖어 들게 된다. 의식이 소멸한 행동은 그냥 숨 쉬는 기계일 뿐이다. '교도'의 길이 그곳에 있기나 한지, 오히려 물들어가게 되지나 않을지 두려울 뿐이다.

현대는 인공지능 시대다. '시선'에서 '정보'로 한 단계 진화했다. 이것은 죄수가 아닌 보통 시민들을 향해 통제와 규율의 기제로 작용한다. '파놉티콘'은 일정 공간에서의 감시에 지나지 않았다. 반면 전자 감시 체제는 제한된 공간이 있는 것이 아니다. 그 영역이 무한대로 넓혀지고 있으며 탈중심화되었다. 중앙 감시탑의 역할이 네트워크화되어 중앙으로의 보고가 아니라 독립적 개체로 정보를 공유한다. 저장된 정보는 역 감시 기능까지 가능하다. 감시자가 따로 정해져 있는 것이 아니라 서로서로 감시하는 무서운 세상이다.

CCTV는 국민의 인명과 재산 보호를 목적으로 설치되었다. 하지만 원래의 취지에서 벗어나는 경우도 부지기수다. 대다수 사람은 이 폐쇄회로에 자신이 찍히고 있다는 사실을 인지하지 못한다. 문밖을 나서면 하루에 100여 회 가까이 촬영된다고 한다. 자동차의 블랙박스 설치율까지 치면 사실상 전자 기계의 눈이 닿지 않는 곳이 없다고 보아야 한다. 소수의 권력에 의해 감시당하는 줄도 모르는 사이 사방에 널려 있는 CCTV에 자신을 속속 드러낸다.

12세대가 사는 원룸에서다. 한 가구원으로부터 민원이 들어

왔다.

"아침에 출근하려다 보니 앞 범퍼 위쪽이 긁혀 있습니다."

일단 지구대에 연락하고 CCTV를 보기로 했다. 경찰관 입회하에 본 화면에서 가해 차량을 식별할 수 있었다. 부인이었다. 억울한 한 사람을 만들 수도 또 익명의 여러 사람을 의심하는 죄(?)를 지을 법한 일이었다.

출입구의 윗부분이 부서졌다. 적재 탑의 높이를 인지하지 못한 채 들어오려다 사고를 낸 것이었다. 바로 이야기하면 해결될 일을 혹시 미루다 보면 모면할 수도 있지 않을까 하다가 일을 크게 만들었다. 이런 경우 해결의 실마리를 이 기기에 의존한다. 24시간 불평 한마디 없이 감시해 주는 폐쇄회로가 고맙고 필요하다. 이제 CCTV는 우리 생활 깊숙이 침투해 왔다. 좋든 싫든 기계와 공존하지 않을 수 없는 세계에 살고 있다.

모든 차에는 블랙박스가 장착되어 있다. 이 기계로 본인과 본인의 차, 상대방과 상대방의 차, 보험회사 등 다수의 대상을 감시해 주기를 바라면서 감시 주체로서 정체성을 믿는다. 지난여름이었다. 남편과 동승한 상태에서 사고가 났다. 삼거리에서 신호 대기 중이었다. 빨간불이 꺼지고 노란 대기 신호로 바뀌었다. 좌회전하려고 발을 떼려는 순간 왱 하는 굉음과 함께 손쓸 사이도 없이 차가 후진해서 뒤차에 부딪혔다. 또 기어를 변경하자 앞으로 확 달려 나갔다.

가까스로 인도 옆에 차를 세웠다. 거의 반은 자율 주행이 가능한 차다. 물체와 근접하는 위험한 순간에는 스스로 멈춰야 한다. 앞으로 나갔다면 액셀러레이터와 기어를 의심해 볼 수도 있는 일이다. 하지만 차는 뒤로 쏜살같이 달렸다. 우리는 급발진으로밖에 생각할 수 없었다. 그 어떤 조치도 취할 겨를이 없었다. 아차 하는 순간 지옥을 몇 번이나 왔다 갔다 했다. 사고는 눈 깜짝할 사이에 일어나 사람의 혼을 뺀다.

보험회사 직원이 왔다. 도착하자마자 블랙박스부터 보았다. 급발진 규명은 제조회사가 하는 것이 아니라 소비자가 해야만 한다. 일반인이 무슨 수로 기술적인 문제를 소명할 수 있단 말인가. 블랙박스는 아무런 도움이 되지 못했다. 억울한 일을 당해도 참아야 할 때가 있고 야속한 일이 있어도 웃어넘겨야 할 때가 있다. 이것이 세상 사는 한 방편인가 보다. 항변해 보았자 소용없는 일, 그냥 놀란 가슴을 쓸어내릴 뿐이었다.

죄짓고 숨을 곳은 점점 좁혀졌다. 그에 비례해 죄의 기술도 첨단을 향해 달려가고 있다. 새로운 문물은 나같이 나이 든 사람이 지난 문물의 포장지를 뜯기도 전에 턱 밑까지 치고 들어온다. 미숙한 몸짓은 허둥대기 일쑤고, 설익은 시간 속에서 헤맬 수밖에 없다. 참으로 정신을 꽉 잡아야 버티기라도 할 세상이다.

CCTV는 현대판 '파놉티콘'이다. 사방에 부릅뜬 감시의 눈이 즐비하다. 숨을 곳 없는 일상을 기계에 노출한 가운데 자아는 점차 설 자리를 잃고 있다. 지하철 출입구의 차단막이 말을 안 듣는다. 아침 출근 시간, 시간에 쫓기는 사람들이 막무가내로 통과한다. 카메라를 힐끔 쳐다보면서 나도 그 무리에 휩싸인다. '설마 잡으러 오는 건 아니겠지, 지공여사*인데.' 아침에 문을 나설 때 정심正心으로 대도大道만 걷겠다던 마음에 생채기를 내고 만다. 어찌 그 기계의 눈과 부끄러움 없이 마주 바라볼 수 있으랴. 양심에 까만 점을 남기는 하루가 저문다.

* 지공여사 : 지하철 공짜로 승차하는 여자

하피첩

　다산의 발자취를 찾아 집을 나섰다. 우선 하룻밤 묵을 곳으로 강진 만덕산 자락이 야트막하게 와서 멎은 곳에 자리한 백련사로 향했다. 차와 동백으로 유명한 반도의 끝 동네다. 동백 1,500여 그루가 숲을 이루고 있다. 아쉽게도 꽃은 지고 잎만 무성하다. 꽃은 작고 잎은 짙푸른 이곳 동백은 3월 중순이 절정이란다. 이 꽃은 살아서는 나무에서 피고, 죽어서는 땅에서 핀다고 한다. 피를 토하듯 선혈이 낭자할 두 번 피는 이 꽃을 보기 위해 내년 3월을 기약해야 할까 보다.

　절에는 조선시대 서예 대가인 원교 이광사가 쓴 글씨가 있다. '대웅보전'과 '만경루' 현판은 추사 김정희와 호각을 다투던 원교의 글씨다. 대大 자를 보면 사람이 걸어가고 있는 것처럼 보이고 웅雄 자는 웅크리고 앉아 있는 것 같다. 조선 고유의 서체인

'동국진체'를 완성한 서예 대가의 필체 앞에 서니 마음이 숙연해진다.

대웅보전의 단청은 빛바래고 벗겨졌다. 요사채는 궁색했다. 세월의 깊이가 그대로 전해졌다. 옛 모습을 잃어가는 큰 절에 비해 예스러운 분위기가 그대로 남아 있어 더 정감이 갔다. 스님들과 함께 저녁 공양을 마치고 절 방에 들었다. 온기가 두꺼운 요를 뚫고 등에 와닿는다. 따뜻함에 온몸이 녹아든다. 동박새와 뻐꾸기 소리를 베고 요요한 달빛을 이불 삼아 잠이 들었다.

산사는 어스름 달빛에 젖어 적막했다. 산도, 절도, 나그네도 모두 잠든 시간, 잠이 얕아졌다. 자리를 털고 일어났다. 여명은 물먹은 어둠을 이기지 못해 새벽은 아직 저만치서 머물고 있다. 명주 자치에 붉은 물을 들여 끝없이 풀어놓은 듯, 어귀까지 펼쳐진 윤슬이 참으로 곱다. 먼 산들은 요동 없이 앉아서 하루를 여는 세상사를 관조하고 있는 듯 묵직했다. 일출은 텃세하듯 가까이에 서 있는 산에 가려 볼 수 없었다.

아침 공양 시간이다. 주지인 보각 스님께서는 하루에 두 차례 다산 초당을 다녀오신다고 한다. 함께 가자고 하신다. 같이 걸으면서 좋은 말씀 듣고 싶은 욕심이 없는 것은 아니다. 하지만 스님 걸음에 보조 맞출 자신이 없다. 우리 때문에 일정에 지장을 드릴 수는 없다. 먼저 가시면 천천히 뒤따르겠다고 말씀드렸다. 옆으로 난 소롯길로 접어들었다. 5월의 신록은 물이 한껏 올라

녹색 물이 뿜어져 나올 것만 같다. 이 길을 걸으면 차향에 묻혀 있을 다산의 향취를 느낄 수 있으려나.

초당까지는 1km 거리다. 만덕산 중허리를 서너 굽이 가로지르면 된다. 동백나무, 소나무, 참나무와 이름 모를 풀포기들이 금방 찬물로 세수하고 나온 동자승처럼 해맑다. 흙이 촉촉하다. 발끝에 닿는 촉감이 부드럽고 편안하다. 띄엄띄엄 앉아 있는 주인 모르는 부도탑을 지나 한 굽이 돌아서니 구강포 너른 바다가 한눈에 들어온다. 강진만을 끼고 있는 남도 경치의 백미가 이곳인 듯하다. 저 멀리 지평선보다 더 짙어진 어둠 너머의 바다가 만을 감싸고 있다. 백련사가 있는 이 산은 오랜 세월 전부터 자생해온 차가 많아 '다산茶山'이라고 불렸다. 정약용은 이곳으로 유배를 와서 '다산'을 호로 정했다.

다산의 날개는 꺾이고 할퀴어 상처투성이다. 강진으로 유배 온 그는 여러 곳을 옮겨 다녔다. 위리안치圍籬安置는 면했다. 강진 땅을 벗어나지만 않으면 되었다. 읍내에서 7여 년, '다산'에 초당을 짓고 11년 되는 해까지 살았다. 이곳 사람들에게 유배 온 귀양객은 두렵고 무섭고 골치 아픈 존재였다. 문을 부수고 담장을 무너뜨리고 달아났다. 울타리를 스치는 바람 소리마저도 그의 가슴을 후벼 팠다. 그때 그를 불쌍히 여겨 돌봐 준 이는 주막의 늙은 아낙이었다. 온갖 풍상 다 겪었을 주모는 밥값도 내지 못할 다산을 품어 주었다.

다산은 이 토담에서 무려 4년을 지낸다. '사의재四宜齋'다. 다산이 강진에서 적거謫居하던 방이다. 사의四宜는 생각과 용모와 말과 몸가짐, 이 네 가지를 행함에 마땅히 의로워야 한다는 의미다. 스스로 다짐하는 마음을 담아 현판을 걸었다.

다산 초당은 본채인 초당과 동암, 서암으로 되어 있다. 초당은 기와에 자리를 내주고 그의 그림자를 품고서 침묵하고 있다. 옛 흔적은 새 단장에 가려 희미하다. 다산은 외가인 해남 윤씨 집안의 산정山亭이던 이곳으로 그 집 자제들을 가르치기 위해 거처를 옮겼다. 따뜻하게 밥 지어 같이 먹을 사람 하나 없는 곳에 터를 잡았다. 발 닿는 곳이 삶의 현장이었다. 수수 백 년을 자라온 대밭과 아름드리 소나무가 하늘을 괴고 있다. 한낮인데도 햇볕 한 점 들지 않아 어둑하니 습하고 서늘하다.

유배 생활 10년째 되던 해다. 그의 고향인 남양주에서 병약한 몸으로 가정을 지키고 있던 부인 홍 씨가 옷을 보내왔다. 그 옷은 혼례 때 입었던 녹의홍상綠衣紅裳 중 하나인 명주 치마였다. 천 리 밖에서 지아비를 그리워하는 지어미의 마음도 함께 담아 보내졌으리라. 치마는 여러 해가 지나 색이 바랬다. 다홍의 색이 노을빛이 되었다. 목이 부러지듯 떨어진 동백이 빛바래어 흙으로 돌아가듯 어찌 옷의 색만 바래겼으랴. 세월 따라 노쇠했을 부인의 몸도 그 속에 묻혀 있었을 것이다. 이를 보는 다산의 마음은 오죽이나 애잔하였으랴.

다산은 치마를 잘라 서첩을 만들었다. 책장 크기로 마름하고 한지를 오려 붙였다. 이것이 하피첩霞帔帖이다. 그는 여기에 육친의 정을 먹물 삼아 아들에게 훈육의 글을 적어 보냈다. 3년 후 혼인한 딸에게는 '매조도'를 그려 보낸다. 매화 가지에 앉은 참새 두 마리와 시 한 편을 새겨 넣었다. 딸의 행복을 바라는 아비의 정을 짙은 먹물에 담았다. 딸은 다산이 유배를 떠날 때 겨우 여덟 살이었다. 함께해야 할 자녀 양육의 짐을 혼자 감당하고 있는 부인의 얼굴에 남양주 마재마을 한강의 붉은 노을이 겹쳐 이름하였나 보다.

이 서첩이 하마터면 쓰레기로 변할 뻔했다. 남양주에 있는 정약용의 생가 여유당에서 보관하던 중 대홍수를 만나 유실될 위기에 처한 것을 그의 후손이 죽음을 무릅쓰고 구해냈다. 그렇게 한고비를 넘겼지만 6.25 피란길에 분실하고 만다. 그 후 이 서첩의 행방은 묘연했다. 그러던 것이 TV 프로그램 '진품명품' 녹화장에 등장한다. 어느 날 인테리어업을 하는 분이 폐지 줍는 할머니 리어카에서 이 고문서를 발견한다. 폐지를 넉넉히 주고 이것과 교환했다. 무엇인지도 모른 채 그냥 버리기에는 뭔가 안 될 것 같은 직감이 들었나 보다. 국보급 유물이 파지로 파쇄될 뻔한 아찔한 순간이다. '하피첩'은 이렇게 우여곡절을 겪은 후 지금은 '국립민속박물관'에 보관 중이다.

주지 스님과 차담 시간이다. 옷매무새를 다잡고 다소곳이 앉아야 한다. 그러나 나는 맨바닥에 앉을 수 없다. 무릎을 구부릴 수 없으니 스님 앞에 두 다리를 뻗었다. 스님의 법문은 한마디로 '실천하지 않는 자비는 무자비다.'라며 실천을 강조하셨다. 보각 스님은 두 권의 책을 쓰셨다. 『눈물만 보태어도 세상은 아름다워집니다』와 『기도로 사는 마음』이다. 『기도로 사는 마음』을 선물로 받았다. 좋은 말씀 듣고 책도 얻고 일어서려는데 손까지 잡아 주시겠다고 한다. 스님은 180cm를 넘는 아주 건장한 체구를 가지셨다. 내 몸 하나도 제대로 가늘 수 없는 몸, 둘이 같이 나뒹굴어졌다. 몹시도 민망하고 죄스러웠다.

"관세음보살 나무아미타불"

보각 스님은 '법화경'을 필사하고 계셨다. 스님의 수행 방편이다. 본인 키 높이만큼 쓰는 것이 1차 목표라 하셨다. 벌써 어깨춤 가까이 쌓아 놓았다. 스님은 해탈의 길로 법문을 필사하신다. 다산은 자녀에게 인생의 지침서가 될 '하피첩'을 남겼다. 나도 먼 훗날 내 자식들이 힘들고 외로울 때 보듬어 줄 수 있는 따뜻한 작은 수필집 한 권 쓰고 싶은 마음 간절하다. 식지 않는 체온이 전달되기를 바라면서, 마음뿐이지 않기를 다짐해 본다.

한라산 만세동산이 무성한 까닭

2010년 전후다. TV의 연예 오락 프로그램인 '1박 2일' 제주도 편을 보았다. 자전거를 타고 해안도로를 달리는 출연진들의 상쾌함이 나를 섬으로 오라고 다그쳤다.

"우리 제주도 가요."

집 나가면 개고생이라는 걸 철저히 믿는 남편을 설득했다. 자전거 일주는 무리일 것 같아 오토바이를 대여하기로 했다. 싱그러운 햇살을 가슴 가득 안고 5월의 푸르름 속으로, 짐은 최소한으로 챙겨 비행기에 몸을 실었다. 공항에 내리니 렌트 회사 직원이 나와서 기다리고 있었다. 아주 간편하게 싼 배낭과 캐리어도 빼앗고(?) 스님이 사용하는 것처럼 생긴 천으로 된 바랑을 빌려주었다.

해안도로를 따라 그냥 바닷바람 맞으며 섬을 한 바퀴 돌기로 했다. 가다가 배고프면 밥 먹고 해 저물면 자면 된다. 근심 걱정 거리는 집에 두고 자물쇠로 문 잠그고 오지 않았는가. 오토바이를 탄 남편의 허리를 꽉 잡자 시동을 걸었다. 첫 번째로 민생고부터 해결하기로 했다. 업체 직원이 추천해 준 매생이 국밥집을 찾아갔다.

어릴 때 어머니가 마른 싱기를 무쳐 주셨는데, 그걸 물에 풀어 놓은 것 같았다. 뜨겁기는 입천장을 데일 것만 같고 맛은 기대에 못 미쳤다. 혀는 아무래도 익숙한 맛에 길들어 있나 보다. 스스로 위로하면서 무작정, 무계획으로 무모한 여행의 첫발을 떼었다.

용두암에서 서편으로 길을 틀었다. 이호해수욕장을 지나 애월, 곽지, 협재, 능금해수욕장을 거쳐 고산~일과리 해안도로를 따라 서귀포 중문까지 왔다. 하늘도 바다도 모두 내 것이었다. 소금기 머금은 바닷바람은 옷이며 얼굴까지 눅눅하게 만들었지만, 마음만은 알에서 태어나 갓 마른 새끼 새의 깃털보다 가벼웠다. 해방감을 맘껏 누렸다. 남편도 오늘만은 남의 편이 아니라 내 편이었다. 불빛에 보이는 숙소 아무 곳이나 전화기 버튼을 눌렀다. 두 번 만에 빈방을 찾았다.

이튿날은 간단하게 아침을 먹고 한라산을 등반하기로 했다. 가장 거리가 짧고 대체로 평평한 지형인 영실로 오르기 위해 매점에 들렀다. 이른 시간이라 준비된 재료가 없다고 하면서 갓 지은 밥으로 김밥을 싸 주었다. 영실 탐방로는 영靈들이 사는 곳이라 하여 붙여진 이름으로 사시사철 신령스러운 자태를 뽐내며 육지 탐방객들에게 탄성을 자아낸다. 처녀가 수줍은 듯 앉아 있는 처녀바위, 병풍을 두른 듯한 병풍바위, 산림청에서 지정한 아름다운 소나무 숲, 저산지대와 고산지대 사이인 아고산지대 식물의 천국인 선작지왓, 이곳에 흘러내린 용암이 성벽을 이루어 신비함을 더하고 위로 오를수록 구상나무 고사목까지도 예사롭지 않다.

 노루샘에서 목을 축이면 곧장 윗세오름이다. 이곳 날씨는 종잡을 수가 없다. 산 아래에서는 초여름 같았는데 몸을 가누기 힘들 정도로 바람이 불더니 눈보라까지 쳤다. 멀리서 바라본 한라산은 큰 사발을 엎어 놓은 것처럼 보였다. 또 눈앞에서 보는 걸로 오늘은 여기까지다. 몇 년 전 성판악으로 갔을 때는 입산 통제 시간이 되어 안 된다고 하면서 정상을 밟지 못하게 하더니, 이번에는 날씨도 말리지만 휴식년제라 입산이 통제되어 갈 수 없다고 했다. 백록담을 볼 수 있는 복이 내게는 없나 보다. 대피소로 들어가 따끈한 컵라면에 사 온 김밥을 먹었다.

 하산은 어리목 방향으로 잡았다. 조금 내려오니 날씨는 금방 화창해졌다. 때늦은 철쭉이 군데군데 무더기로 피어 있었다. 한라산에는 아직 미련이 남아 봄이 떠나지를 못하고 있나 보다. 오를 때는 앞만 보고 걷게 되지만 내려올 때는 멀리 있는 바다도 보이고 띄엄띄엄 오름도 보였다. 온 천지가 나를 위해 존재하는 것처럼 보였다. 나의 이번 여행은 참으로 귀한 시간이 될 것 같다.

만세동산을 지날 무렵이었다. 배가 아프다, 설사가 나려고 한다는 생각이 뇌에 전달되기도 전에 묽은 변이 확 쏟아져 나왔다. 사람의 발길이 뜸한 곳을 찾는다든지 숲을 둘러볼 여유 같은 것은 아예 할 수가 없었다. 남편도 촌각 사이로 같은 증세가 왔다. 세상에 급한 일이 많기는 해도 이보다 급할 수는 없다. 직장은 참는 기능을 상실하고 우리를 절망의 늪으로 몰아넣었다. 어찌할 도리가 없었다. 사람들의 눈길이 닿지 않는 곳으로 몸을 숨겼다. 속옷을 벗고 가지고 있던 쓸 수 있는 모든 물건을 총동원해 대충 처리했다. 돌을 치우고 구덩이를 파고 두 개의 팬티를 표나지 않게 깊게 묻었다. 10년이 훨씬 넘었으니 썩어서 거름 되어 그곳 숲을 살찌우고 있으리라. 매점에서 사서 먹은 김밥이 문제였다. 묵은 밥이 아니라 새 밥으로 싸 준다고 속으로 좋아했는데 이런 낭패를 가져올 줄이야. 한 치 앞을 모르는 것이 인생이라더니 정말 맞는 말이었다. 다행으로 그 증상은 단 한 번으로 그쳤고 배도 전혀 아프지 않았다.

바짓바람으로 하산했다. 조금 전의 그 아름답던 풍광은 간곳없고 빨리 숙소에 가고 싶은 마음밖에 없었다. 도착하기 전까지의 그 찝찝함이란, 얼마 되지 않는 시간 속에 연옥을 헤맸다. 내 인생에 또 하루를 포갰다. 그것이 즐거운 날이었건, 괴로운 날이었건 아무런 상관없다. 지금 돌이켜 보면 그때는 그냥 그리운 한때일 뿐이다. 남편은 아직도 가끔 팬티 찾으러 가야 되지 않겠느냐고 한다. 핑계 삼아 한 번 더 갈까나 보다.

어제는 어제일 뿐 오늘은 오늘이다. 서귀포에는 해안 절경이 많다. 천제연폭포를 시작으로 주상절리, 외돌개, 천지연폭포, 정방폭포를 지나 보목항에 내렸다. 눈은 즐겁고 바람은 상쾌했다. 5월과 6월이 제철인 자리돔회를 먹어보기 위해서다. 이곳의 자리돔은 뼈가 부드럽고 맛이 고소해서 회나 물회로 인기가 대단하다. 많은 사람이 고기를 샀는지 잡았는지 바닷물에 배를 가르고 비늘을 벗겨 횟감으로 손질하고 있었다. 내 수고가 들어갔으니 더 맛이 있으려나. 맛있는 회를 둘이만 먹으려니 같이 오지 못한 애들이 생각났다. 남원을 거쳐 표선까지 한걸음에 달려왔다. 표선에는 해비치호텔을 아들이 예약해 두었다. 푹신하고 너른 침대에서 또 하루가 쌓여 갔다.

성산에서 해안도로를 따라 제주도 내의 반도인 섭지코지에 갔다. 한동안 인기 드라마였던 '올인'의 촬영지다. 스위스의 어느 마을을 옮겨 놓은 듯한 목가적 풍경이 아주 근사하게 보였다. 대한민국에도 저런 곳이 있는지 의심했다. 한 번 가보면 좋겠다는 막연한 기대를 했다. 그래서 왔다. 그런데 실망이었다. 카메라 앵글의 기술적 조작은 실제로 보는 것보다 훨씬 아름답게 연출했다. 직접 보지 않는 것이 훨씬 나았을 것이다. 가보고 싶다는 꿈을 빼앗기지는 않아도 되었을 테니까.

성산포종합터미널에서 우도행 배에 올랐다. 무슨 정해진 코스처럼 제주도 여행이면 으레 여기가 포함되어 있다. 섬의 길이는 3.8km, 둘레는 17km로, 오토바이로 한 바퀴 도는 데 1시간이면 족했다. 맛집이라는 곳을 찾아 점심을 먹고 이곳의 특산품인 미니 땅콩을 사 먹은 기억밖에 없다.

세화~성산 간 해안도로를 거쳐 김녕, 함덕해수욕장을 지나 거의 제주도를 한 바퀴 돌아 조천까지 왔다. 양식이 안 된다는 전복의 사촌쯤 되어 보이는 오분자기 맛집을 찾아 저녁을 해결했다. 1118도로를 타고 제주 센트럴파크 사거리에서 1112도로로 오다가 샤이니숲길을 지나 절물휴양림에 도착했다.

절물은 우리나라에서 첫 번째로 손꼽히는 휴양림이다. 빽빽하게 들어선 하늘을 찌를 듯한 삼나무가 바다에서 불어오는 해풍을 만나 여름에도 한기를 느낄 정도로 시원한 곳이다. 몇 년 전에 갔을 때는 인원이 많아 큰 방을 예약하였는데 시설이 정말 좋았다. 전체가 통나무로 지어졌고 확 트인 거실 외벽의 전망은 집에 가기 싫을 만큼 마음을 사로잡았다. 그 시절에 벌써 우리 집에도 없는 빨래 건조기가 있어 놀라움을 더했다. 삼나무 숲길 따라 한껏 여유를 부리다 보면 약수를 만나게 된다. 절물이란 절 옆에 물이 있어 붙여진 이름이라고 한다. 이 물은 제주시의 먹는 물 1호로 지정 관리되고 있다.

  아무리 좋아도 돌아갈 곳이 있어야 여행이다. 그렇지 않다면 그것은 노숙자에 지나지 않는다고 비약하는 사람도 있다. 이곳에서 마지막 밤을 뉘었다. 언제 다시 이런 여행을 하게 될지 알 수 없는 일이다. 어떤 계기가 나를 또 집 떠나게 할지 그날이 빨리 오기를 기대해 보면서 잠자리에 들었다.

어명이오

　세종로 한복판, 세종대왕 동상을 뒤로하고 고개를 들었다. 눈길이 머무는 그곳에 수려한 외형에 위풍도 당당한 문루가 있다. '광화문'이다. 문무백관이 드나들면서 어명을 받들던 법궁의 정문이다. 임금이나 신하나 다 같이 태평성대를 꿈꾸며 정전政殿에 들었을 것이다. '임금의 큰 덕이 사방을 덮고 감화가 온 나라에 미친다.'라는 뜻을 품고 있다. 덕치를 펼치겠다는 다짐을 정문에 걸었다.

　국가의 운세는 이 문을 비껴가지 않았다. 임진왜란 때는 경복궁과 함께 소실되었고, 국권 피탈 이후 일제는 조선총독부 청사를 그 자리에 세웠다. 한국전쟁이 발발했다. 이번에는 폭격으로 산산조각이 났다. 목조 부분은 다 불타 없어지고 석축만 덩그러니 남았다. 전쟁은 사람의 가슴만 멍들이는 게 아니라 국가의 유형유산에도 수많은 상흔을 남겼다. 삼천리강산은 부서지고 허물어졌다. 사람은 그 자리에 엎어져서 흐느꼈다.

일본 신사는 남산에 있었다. 조선총독부 건물은 경복궁의 중심축인 근정전에서 동쪽으로 방향을 틀어 신사를 바라보게 세웠다. 가슴속에 비수를 품고 칼을 갈았다. 조선 정궁의 중심축을 변형시켜 우리 민족의 정기를 말살하려는 속내를 품고 있었다. 조선 법궁의 정문인 광화문은 관악산을 향하고 있다. 근정전, 근정문, 흥례문으로 이어지는 주요 전각의 축은 문과 정확하게 일직선을 이룬다. 우리의 정체성을 말살하려는 일제의 기획은 치밀했다.

문민정부가 들어섰다. 조선총독부 청사는 철거에 들어갔다. 일제의 상징을 서울의 심장부에 둘 수는 없는 일이었다. 내가 국민학교 다닐 때는 '중앙청'이라고 불렀다. 해방 후의 국정은 대부분 이곳에서 이루어졌다. 시골에서 서울로 가는 수학여행의 필수 코스는 우리 민족의 수탈 기구인 총독부를 보고 오는 것이었다. 국가는 치욕의 세월이었던 잔재를 청산하고 민족정기를 바로 세우고자 다짐했다. 이후 광화문은 해체 철거되었다.

광화문 복원 사업이 시행되었다. 목재가 필요하다. 궁궐을 짓거나 임금의 관을 짤 때는 금강소나무(황장목이라고도 함)를 사용한다. 나무를 자를 때는 산신제와 위령제를 지냈다. 나무 앞에 교지를 펴 들고 숙연한 마음으로 '어명이오'를 3번 외친다. 대 재목으로 다시 태어나 우리 민족의 정신세계 가치를 높일 것을 다짐한다. 금강소나무는 '살아서 천년, 죽어서 천년을 간다.'는 말이 있다. 그만큼 나무의 재질이 단단하고 질기다는 말이리라.

대관령에서 능선과 해안선을 따라 '바우길'이 형성되어 있다. 10개 구간으로 구성된 바우길 중 '어명을 받은 소나무 길'은 옛길을 지나 이어지는 제3구간이다. 가로등 불빛이 꺼지기도 전에 숙소를 나섰다. 두 개의 그림자가 길에 누워 일렁거렸다. 시린 밤공기를 뚫고 내리는 엷은 별빛에는 아직 야기가 채 가시지 않아 찬 바람이 싸하게 뺨에 닿았다.

'어명정'이다. 성산 보광리에서 시작되는 바우길에서 무쇠골을 지나 임도를 따라가다 보면 이 정자를 만나게 된다. 어명을 받고 잘려 나간 금강송 그루터기 위에 지어졌다. 정자 마룻바닥 한가운데에는 둥그런 모양의 커다란 유리판이 끼워져 있다. 나무 둥치에 엎드려 팔을 벌리면 두 팔은 너끈히 됨직해 보였다. 조밀한 나이테가 살아온 세월을 침묵으로 대신하며 산행으로 지친 우리 일행을 안아주었다.

우리가 갔을 때는 베어진 지 얼마 지나지 않았을 때인 것 같다. 무엄하게도 그 위에 올라 아픈 다리를 뻗고 주저앉았다. 백년의 시간을 속으로 감춘 생채기는 붉은빛이 선명했고 아직 덜 아물어 굳지 않은 송진은 방울져 있었다. 아픔을 삭인 솔향이 훅 끼쳐왔다. 생물은 유한한 시간을 사는 불안한 존재다. 살아 있는 것의 명줄을 잘라 무생물로 영생을 얻게 한다.

"백년 된 너를 사死해 천년의 생生을 넣어주리라."

대목장의 다짐이다. 백수십 년 된 나무가 신의 손길로 다듬어진다. 문루에, 들보에, 서까래까지 목재로 된 모든 것이 천년이 아니라 자손만대 우리 역사와 문화의 꽃으로 피어나길 소망한다. 혼신을 다해 혼을 불어넣는다. 선대가 만들고 후대에 잃어버렸던 것을 옛것에 부끄럽지 않게 복원에 성공했다. 이렇게 해서 광화문은 우리나라의 자존심과 함께 민족의 정신적 지주로 다시 태어났다.

하늘이 맑다. 기와지붕의 웅장함과 힘차게 뻗어 올라간 추녀가 수려한 멋을 뽐낸다. 우리 한옥의 미는 과하지 않은 절제된 곡선에 있다. 침묵의 가르침을 주는 역사의 현장 앞에 저절로 고개가 숙어졌다. 내 일상의 언저리를 둘러본다. 육신의 허기야 한 끼 밥이면 충분하다. 기갈飢渴한 영혼을 달래기 위해 문루에 눈길을 한참 주다가 아쉽게 발길을 돌렸다.

광화의 빛이여, 만천하에 영원토록 비춰라!

꽃자리

곧 상강霜降이다. 가을이 대구수목원에 내렸다. 늙은 풀벌레가 울음을 멈추고 가을꽃에 자리를 내주었다. 억새 줄기를 거칠게 스치는 바람 끝이 서늘하다. 산은 수채화 물감 푼 물에서 금방 건져 올린 듯 오색찬란하다. 광장에는 여러 꽃이 눈길을 잡아끈다. 자연은 견뎌온 시간을 침묵으로 스스로 표현한다. 이 꽃은 이래서 예쁘고 저 꽃은 저래서 곱다. 그러나 곧 초목은 서리에 눕게 되리라.

대구수목원은 쓰레기 매립지였다. 대구 시민의 생활 쓰레기 수백만 톤을 수년에 걸쳐 매립한 곳이다. 여기에 수목원을 조성함으로 생태환경을 복원했다. 이곳에 다양한 나무를 심고 각종 꽃을 가꾸었다. 식물원 안은 열대식물인 여러 가지 선인장 종류를 비롯해 각종 식물이 계절과 관계없이 꽃을 피운다. 쓰레기 더미 위에 동식물의 꽃자리가 마련되었다. 그렇게 해서 시민의 휴식처로 거듭났다.

국화 천지다. 돌아앉은 여인처럼 찬 바람이 불어와야 가치를 내는 꽃, 움직이는 생명체가 되지 못한 한을 맘껏 풀고 있다. 코끼리, 사슴, 토끼, 말, 다람쥐 등 여러 동물로 환생해 사람의 발길을 잡는다. 그러나 제 본연의 모습으로 제 땅에서 자유롭게 가지 뻗고 꽃 피우기를 얼마나 원하였으랴. 너무 깊은 슬픔에 눈물인들 흘릴 수 있었으랴. 껍데기만 동물인 그 아픈 꽃들, 제힘으로는 한 발짝도 떼지 못하는 꼬이고 뒤틀린 그들이 예쁘게 보이지만은 않는다. 이것은 나만의 뒤틀린 심사 때문만은 아니리라고 우긴다. 내 안의 응달에 가을빛이 들어올 수 있도록 재갈 물린 마음의 창에 작은 구멍이라도 내보리라.

조금 더 깊숙이 들어가면 억새 군락지다. 야윈 목이 산들바람에도 부러질 듯 흐느적거린다. 서리 먹은 바람에 줄기 위 구름 사이로 풍화된 날벌레 같은 꽃이 은빛으로 흩날린다. 끝으로 갈수록 뾰쪽해지는 칼끝 같은 잎의 가장자리에 손가락이 스친다. 나도 모르게 슬쩍 다녀간 운명이 어느새 여기까지 밀어붙여진 오늘의 나. 갈대보다 나은 것이 무엇 있다고. 모든 생명체 위에 군림하는 인간, 이런 연약한 풀잎 하나도 감당 못 하면서 만물의 영장이라고 우쭐대다니.

활엽수는 잎을 떨구었다. 부피를 줄여 이 겨울을 나려나 보다.

나이가 든다는 것은 발뒤꿈치의 굳은살 같은 방패막이가 두꺼워 간다는 것이리라. 시간이 약이라고 한다. 피부에 스미는 빨간 약 '아까징끼'처럼 누군가의 상처를 보듬어 줄 수 있는 그런 양약으로 거듭나기를 바라며 발길을 돌린다. 이 겨울, 감나무에 매달린 한 알의 까치밥으로 남아 마지막 지나는 바람이 하는 말을 마음이 시린 누군가에게 전하리라.

발밑에 낙엽이 밟힌다. 뿌리의 이불 되어 새봄이 오면 싹을 틔우리라. 탐욕으로 채워진 일상이 버겁다. 찻잔 안의 찻잎은 건더기는 남겨두고 향기만 담아낸다. 욕심으로 찌꺼기까지 우겨넣지나 않았는지, 뒤돌아보는 마음이 개운할 리 만무다. 그 자리가 효능 좋은 효모 되어 품질 좋은 거름으로 거듭나기를 바라는 것도 욕심이려니. 비워야 새로운 것을 받아들일 수 있다고 '비움'을 강조하지만, 현실은 늘 아등바등한다. 온기 품은 갓 탄 목화솜이불이 그리운 계절이다.

가을을 채우려 수목원에 사람이 모여든다. 인간은 못 먹는 것이 거의 없다. 용케도 독 있는 것은 가려내고 동물이고 식물이고 다 해치운다. 뱃살을 늘린다. 그러고는 빼겠다고 약물에 의존한다. 육신의 허기를 면하기 위해 채우기에만 급급이다. 진새벽 싸리비로 쓴 정갈한 길은 아니지만 시멘트 포장이면 어떠랴. 그 꽃 사이로 난 길 위에 일상을 부려 놓는다. 가을 햇살에 녹아내는 이야기에는 남녀노소가 따로 없다. 바로 모두의 얼굴이 꽃이다.

절규

"**새아가,** 어서 그네 뛰러 가거라."

할머니는 산기를 느끼셨다. 며느리 보기가 민망하고 부끄러우셨으리라. 늦봄의 해는 중천에 떠올라 정수리를 뜨겁게 달구었다. 짙푸른 녹음이 여름으로 내달리는 한창 일손이 바쁜 때였다. 막냇삼촌은 1930년 경오생이다. 생일은 5월 5일 한낮에 태어나셨다. 모두 사주가 좋다며 기대를 한몸에 받았다. 다섯 형제의 막내로 태어난 작은아버지는 할아버지의 지극한 사랑을 받고 자랐다. 1800년대 말 태생인 조부는 일제강점기, 온갖 고초에 시달려야 했다. 신문물인 신식교육은 권력에 빌붙어 밥벌이하게 될 것이라며 아들들을 학교에 보내지 않으셨다.

맏아버지는 서당에도 보내지 않고 집에 선생님을 모셔 와 글을 배우게 하셨다. 머리가 좋으셨는지 동네에 칭찬이 자자했다.

"○○서당은 ○○이 놀음이다."

모두의 부러움을 샀다. 글씨뿐만 아니라 글짓기를 잘하셔서 여러 향리의 선비들과 주고받은 서신이 많다. 문집을 내야 한다면서 선뜻 실천에 옮기는 후손이 없다. 특히 이 일을 적극적으로 추진해야 할 하나뿐인 아들이 몇 년 전에 유명을 달리했다. 스승을 극진히 대접하면서 학문을 익혔지만 맏이는 아버지의 의도대로 따라주지 않았다. 동생들을 다독여 공부를 가르쳐 주기를 바랐는데 기대에 부합하지 못했다.

일제의 탄압은 극에 달했다. 군수물자의 조달을 위해 쇠붙이란 쇠붙이는 모두 빼앗아 갔다. 놋그릇은 아궁이 깊숙이 감추어 두고 제사 때나 몰래 꺼내 사용해야만 했다. 억압을 견디다 못한 할아버지는 제세구민濟世救民의 뜻을 품고 창도한 동학에 실낱같은 희망을 품고 고향인 안동을 떠나 상주로 이사를 오셨다.

맏아버지는 함께 오시지 않았다. 나중에 오셨다가 곧장 되돌아가시고 아래 아들들만 데리고 타향살이를 하셨다. 그래도 할아버지는 희망의 끈을 놓지 않으셨다. 막냇삼촌을 동학 본당이 있는 창말서당에 보냈다. 집안일이 아무리 바빠도 일손을 거들게 하지 않았다. 장마에 우케가 떠내려가도 글 읽는 사람은 신경 쓰지 않고 공부에만 집중해야 한다고 하셨다. 이렇듯 할아버지의 지극한 응원 아래 삼촌의 글 읽는 소리는 담을 넘어 동네 사람들의 귀에까지 들렸다. 그래서 우리 집은 동네에서 '글집'으로 통했다. 낯설고 물선 곳에서의 유일한 희망이었다.

끝으로 두 삼촌은 6·25 참전 용사다. 아버지는 일찍이 할아버지 곁을 떠나고 없었으므로 할아버지는 두 날개를 한꺼번에 잃은 셈이었다. 자식에 대한 걱정과 애타는 마음에 앞서, 생활은 이루 말할 수 없는 곤궁에 처하게 되었다. 그래도 다행인 것은 두 아들이 무사히 귀가했다. 막냇삼촌은 서당에서 글 읽은 덕으로 행정업무를 봤다. 그러나 전쟁은 총칼 들고 싸우지 않는 곳도 그냥 두지 않았다. 근무하는 막사 옆에 대포가 떨어졌다. 지축을 흔드는 소리와 날아온 파편에 온몸이 깨어지고 갈가리 찢겨 피투성이가 되었다. 의식을 잃고 육군병원으로 이송돼 15일 만에 깨어났다. 이때의 트라우마는 작은아버지를 평생 붙잡고 늘어졌다.

막냇삼촌은 우리가 있는 문경으로 오셔서 우체국 공무원이 되셨다. 숙부님은 마음이 여리지만 넓으셨다. 우리가 사는 고장에서 3대 성인이라는 소리를 들으실 만큼 어질고 흐트러짐 없는 생활을 하셨다. 한번은 동료 직원이 자기가 밀어줄 테니 노조 위원장에 출마하라고 했다. 그러나 막상 출사표를 던지자, 그는 약속을 지키지 않고 배반했다. 이 일로 마음에 상처를 입고 병원에 입원까지 하게 되었다.

"허리띠는 병실에 두지 마세요."

의사 선생님의 말씀에 두 집은 초비상이 걸렸다. 전쟁 때의 충격이 정신을 옥죄고 들어와 우리 모두를 두려움과 슬픔에 떨게 했다. 직장도 그만두셨다. 그 시절 나이로는 늦은 스물일곱의 나이에 여섯 살 아래의 숙모를 만나 혼인하고 아들만 단 하나 두셨다. 단란하던 가정은 하루아침에 나락으로 떨어지고 작은어머니의 고생이 시작되었다.

어려운 환경에서도 사촌은 잘 자라 주었다. 결혼해서 부부가 맞벌이하므로 고생은 끝인가 싶었다. 그러나 복은 오래가지 않았다. 숙모는 간경화로 복수가 차고 병원에 입원하는 횟수가 잦아졌다. 일하러 간 아들 며느리를 대신해 작은아버지는 손주들과 작은어머니를 극진히 돌봤다. 그러나 운명은 회갑을 갓 지난 여인의 목숨을 앗아가고 말았다. 고생하며 키운 아들의 성공하는 모습도 보고 싶고 손주들의 커가는 모습도 보고 싶은 이승에 미련이 남을 수밖에 없는 나이였다.

상례 준비가 한창일 때 아이들로부터 전화가 왔다.

"할아버지가 없어졌어요."

청천벽력 같은 소리였다. 심신이 나약해질 대로 나약해진 숙부님을 모두 염려하고 있던 참이었다. 상례보다 작은아버지 소재 파악을 위해 안절부절못하고 허둥댔다. 그때 연락이 왔다.

"이 병원에 계십니다."

너무 놀랐다. 작은아버지는 당신이 감당해야 할 몫이 사라졌으므로 이제는 삶의 무게를 내려놓으려 하신 듯하다. 아이들 몰래 집을 나와 낙동강으로 향했다. 물속으로 자꾸 깊이 들어가는 것을 주위 사람들이 보고 병원으로 모셔 온 것이다. 상례보다 숙부님 지키기에 더 신경을 써야 했다. 장례를 치르고 삼우제까지 마쳤다. 걱정하지 말라며 모두 일상으로 돌아가라고 안심시켜 주셨다. 그러나 일은 곧 터졌다.

며칠 지나지 않아 숙부님은 나무에 매달려 계셨다.

"아버지~~~."

사촌 동생의 절규는 산천초목을 울렸고 날짐승 들짐승의 소리를 묻었으며 이승을 넘어 저승까지 들릴 만큼 처절했다. 아직도 그때의 목소리를 생각하면 온몸에 소름이 돋는다. 전쟁 때 대포 소리에 놀란 작은아버지의 한은 아버지를 부르는 아들의 한으로 되돌아왔다. 무거운 침묵만이 도사린 땅속으로 부모님을 한 주 사이로 보내드려야 했다. 늦여름의 작열하는 태양 아래 뿌리 뽑힌 나무처럼 사촌의 어깨는 축 늘어졌다.

숙부님 내외분은 좋은 곳에 가신 듯하다. 오년午年 오월五月 오일五日 오시午時에 태어난 사주는 이승에서는 그 날개를 펴지 못하고 저승에서 단 하나뿐인 아들을 위해 한껏 펴고 계시는 것 같다. 아직은 선산 할아버지 아래 여러 형제와 누워 계시지만 언젠가는 국립 현충원으로 가셔서 국가의 아들로 영면하실 것이다. 삼대가 국방의 의무를 다한 자랑스러운 가족으로 선정되었으며, 숙부는 국가 유공자로 지정되어 자손이 원하면 언제든지 가실 수 있다. 사촌 동생이 직장을 그만두고 창업한 회사는 중견 기업으로 성장했다. 애지중지 키운 자식은 성공했으며 손주들도 다 자라 사회의 일원으로 제 몫을 하고 있다.

이제 편히 잠드소서.

굿과 인연

　춘삼월 호시절, 볕발이 곱다. 아낙의 광주리에 봄나물이 담겨오고, 남정네의 지게 어깻죽지에 진달래가 꽂혀오는 봄이다. 긴 기다림으로 하얗게 지쳐가던 시간에 대한 보상은 값졌다. 모내기 판 농부의 마음보다 걸판진 잔칫상이 펼쳐졌다.
　"신부 입장!"
　연지곤지 찍은 신부가 아버지의 손을 잡고 들어온다. 신랑의 얼굴에는 막 비 갠 오월의 산처럼 생기가 돌았다. 새순 같은 여린 맛보다는 싱싱한 푸르름이 넘쳤다. 마흔두 살 노총각이 총각딱지를 떼는 날이다. 부모님이 유명을 달리한 지 오래되어 혼주석에는 맏형 내외가 자리했다. 일가친척을 비롯해 여러 하객의 얼굴에는 안도와 축하의 마음들로 미소가 가득하다.
　신랑은 내 사촌이다. 초등학교 때 어머니를 여의고 아버지도 돌아가신 지 한참 지났다. 그동안의 삶이야 이루 말할 수 없는 인고의 시간을 겪었지만 반듯하고 건장한 청장년으로 성장했다. 그런데 혼처가 날 때마다 절박한 마음과는 달리 성사가 되지 않았다. 서울에서 대구까지 몇 번 선을 보러 오기도 했었다. 불타는 노을빛에도 가슴이 시리었을 동생을 생각하면 마음이 짠하다.

근방에 사는 사촌 여동생이 찾아왔다.

"언니, 우리 점 한번 보러 가자."

점집을 찾았다. 돌아가신 어머니가 사촌의 가슴에 올라타고 혼인 줄을 막고 있다고 했다. 어떻게 이럴 수 있단 말인가. 그 아들이 어떤 아들인데, 앞길을 밝혀주어도 못다 한 어미 노릇으로 가슴이 찢어질 텐데 방해를 하다니. 저승은 살아서는 갈 수 없는 곳, 사자가 보이고 소통이 가능한 것처럼 보이는 무당은 무섭고 소름 끼쳤다. 굿을 권했다.

피는 물보다 진했다. 숙부님 내외는 아들 넷에 딸 둘 육 남매를 두셨는데 서울에 삼 형제, 대구에 삼 남매가 살고 있다. 끝에서 셋째인 여 사촌은 남매를 두고 맞벌이해 가며 그냥저냥 오붓하게 살 때였다. 굿 비용은 엄청 비쌌다.

근 30여 년 전이다. 결혼하고 얼마 되지 않은 사회 초년생에게 300만 원은 아주 큰 돈이었다. 하지만 누이동생은 오빠를 위해 굿을 하기로 했다. 주변에 살고 있는 친언니와 남동생에게 의논

했지만, 그들의 반응은 무덤덤했다.

"만약에 굿을 해서 결혼을 하게 되면 그 비용 그때 줄게."

쓸데없는 짓 하지 말라는 말이다. 하지만 듣지 않았다면 모르겠지만 들은 이상 그냥 넘기기에는 무언가 찜찜할 수밖에 없다. 답답한 마음에 실낱같은 희망을 찾아 점집을 찾는다. 이런 마음을 이용하는 무속인의 상술인 것을 번연히 알면서도 그냥 넘어갈 수 없게 만드는 묘한 분위기가 그 속에 서려 있다.

굿을 했다. 굿당은 큰길에서 한참 떨어진 소롯길가였다. 사연 많은 사람들이 숱하게 다녀갔나 보다. 발길이 다져 놓은 길이 제법 탄탄하다. 무녀는 그 몸에 신이 실린 사람이다. 이승에서 할 일을 다 못 해 구천을 떠도는 귀신, 한 맺힌 서러움으로 갈 곳 모르고 헤매는 귀신을 불러 그 맺힌 고를 풀어주는 일을 한다. 인간의 눈으로는 볼 수 없는 영계를 들여다보는 초월적 능력을 가졌다. 너무 무서웠다.

무녀와 잽이가 사용하는 방이 있었다. 악기 반주를 하는 잽이는 남자였다. 귀신이 우글거릴 것만 같은 코빼기만 한 방에는 무기誣器들이 어지럽게 널려 있다. 하얀 종이로 혼백을 오린다. 사람 형상을 한 백지에 귀신을 싣는다. 오늘 밤 굿에서 풀 '고'를 흰 광목천을 펼치어 마디마디 맺는다. 이 '고'를 다 풀면 장가를 갈 수 있으려나.

달조차 흐느끼듯 구름 뒤에 숨어들어 캄캄했다. 무당은 발가

줄기 199

벗긴 통돼지를 이고 칼 위에서 춤을 췄다. 흰 종이를 찢어서 매단 신장대를 방울 소리와 함께 산 자에게 비비대며 요란하게 흔들어 댔다. 주위가 온통 귀신들로 우글대는 것처럼 느껴졌다. 무당은 숙모에게 빙의된 듯했다. 좋은 곳에 가지 못하고 자식에게 머무는 엄마는 안타깝고 처절했다. 주위에 있는 모든 이의 눈물샘을 자극했다. 힐끗 훔쳐본 무녀의 낯빛에서는 초월적 힘이 느껴졌다. 섬뜩한 기운에 속이 뜨끔했다. 전율이 흘러 온몸이 오그라드는 것만 같았다. 빨리 이곳에서 벗어나고 싶다는 생각밖에 안 들었다.

굿은 성공했다. 초겨울에 접어들 무렵 굿을 했는데 이듬해 봄에 혼례를 치렀다. 신붓감은 바로 옆에 있었다. 사촌은 서울 시청에 근무했는데 옆 사무실에 있는 혼기를 넘긴 아가씨였다. 연분을 가까이 두고 먼 데를 돌고 돌았다. 세모의 노을 진 빈 들녘에 긴 그림자를 드리우고 혼자 서 있는 것처럼 처연하게 보였다. 이젠 아늑한 휴식처, 마음의 갈무리 터가 생겼다. 봄 햇살 속으로 들어갔다.

둘 다 늦은 나이에 결혼했다. 하지만 혼인하고 곧바로 임신해 쌍둥이 아들을 낳았고 곧이어 아들 하나를 더 얻었다. 이놈들이 어느덧, 국방의 의무를 마치고 대한민국의 장장한 성인으로 성장했다. 집안의 듬직한 기둥이 되었다. 간절한 소원이 깃든 굿은 양밥이 되어 귀신도 감복시켰을까? 믿기로 하자. 어쨌든 좋은 일이 생겼으니.

　지난주 토요일 시제를 지내러 안동 예안에 다녀왔다. 증조할아버지 내외분의 산소가 있는 80여 년 전 할아버지가 등져야만 했던 고향이다. 지금은 일가친척 한 사람 살지 않는 첩첩산중이다. 한때는 '태곡'이라고 큰 골짜기에 자리 잡고 별걱정 없이 사셨다. 하지만 일제강점기 말 난세는 이곳을 떠나지 않을 수 없게 가장을 옥죄었다. 상주로 이사 온 우리 가족의 삶은 이루 말할 수 없이 힘에 겨웠다.

　사람 온기 사라진 지 오래된 집은 다 허물어져 가고 있다. 하지만 우물은 지금도 조금 손만 보면 그대로 사용할 수 있을 것처럼 보였다. 어머니가 물동이 이고 날랐을 물 밑에 스무 살 새색시 고운 자태 대신 주름으로 골 진 내 얼굴이 비쳤다.

　종반 여럿이 모였다. 그중에는 특출한 사촌도 있고 다 그런대로 나름 잘살고 있다. 늦게 결혼한 사촌이 아들 삼 형제와 함께 참석해 산소가 더욱 그득했다. 죽은 조상만이 아니라 산 조상들인 구십을 바라보는 오빠들의 흐뭇해하는 모습에서 긴 세월의 흔적이 보였다. 얼굴에는 검버섯이 머리에는 서리가 내려 흰 머리카락이 듬성듬성 보인다. 언제 조상 곁으로 가게 될지 모르는 손위들이다.

　좀 늦은 출발이면 어떠랴. 그 사촌은 한 가정의 가장으로 출중하고 우리 가문의 듬직한 기둥이다. 종반 간 모임의 회계를 십수

년째 맡아 대소사에 적극적으로 임하는 손색없는 훌륭한 후손으로 자리매김했다. 명년 봄에는 녀석들 중 누구라도 한 놈 결혼하는 모습 볼 수 있게 되기를 바란다. 신랑이 아닌 혼주석에 앉은 어른 사촌을 그려본다.

선물
선명한 치아 흔적
서툰 어미
거품
운빨
타향살이
아픈 손가락 1
아픈 손가락 2
아픈 손가락 3

선물

자전거 두 바퀴가 구른다. 아무리 달려도 뒷바퀴는 앞바퀴를 따라잡지 못한다. 페달에 발이 닿지 않는 아이는 프레임 사이로 다리를 넣고 온몸으로 용을 쓰며 발판을 밟는다. 조금 지나자 아예 서서 타기 시작했다. 한여름 태양은 갓 돋아난 배춧잎 같은 파릇파릇한 여린 여자아이의 몸에 쏟아졌다. 그래도 신이 났다. 신문 한 부를 뒤 짐받이에 끼우고 집으로 향한다.

40여 년 전이다. 아이는 초등학교 3학년이었다. 키가 또래보다 근드렁하게 컸지만 그래 봐야 열 살이다. 그 어린 것이 어머니 생일 선물을 마련하려고 신문 배달을 시작했다. 요즘 같으면 아동 학대죄로 부모가 잡혀갈 일이다. 자전거는 어미 거였다. 신문지국은 집과 학교를 오가는 사이에 있었다. 두근거리는 가슴을 안고 문을 두드렸을 것이다. 누구도 시킨 일이 아니다.

아이는 취학 전부터 책을 좋아했다. 많이 읽었던 책 중에는 책임감 강하고 착한 아이들이 등장했을 것이다. 용돈은 하루 100원이었다. 밥 굶을 일도 없었는데 아이들에게 옹색했다. 백화점에서 옷을 사 입힌다거나 번듯한 외식 한번 한 적이 없다. 그 돈으로는 밑에 동생과 종이 인형 사다가 오리고 노는 데 다 썼다. 모은다고 해도 선물 사기에는 턱없이 부족했을 것. 그보다도 부모님으로부터 받은 돈이 아닌 제 손으로 벌어서 하고 싶었음이랴.

학년 초였다. 지방방송 KBS 어린이 합창단 모집에 응모했다가 떨어졌다. 또 대구방송국과 ㈜동서개발이 주최한 제5회 어린이 백일장 부문에 참가해 입상하기도 했다. 거기다 신문 배달까지 하겠다고 나서니, 담임 선생님은 온갖 것 다 해보려는 호기심 많은 아이를 탐탁해하지 않았다.

"신문이나 텔레비전에 나오는 것 다 하려 하는구먼."

그 말속에는 부모의 욕심과 허영을 꼬집는 부분이 내포되어 있었던 것 같다. 뭇사람이 한꺼번에 때리는 몰매처럼 주변의 눈초리도 따가웠다. 특별하게 교육에 목표가 있었던 건 아니다. 하지만 할 수만 있으면 여러 방면에 경험을 쌓게 하고는 싶었다. 그런 마음이 은연중에 아이에게 스며들었는지 모를 일이다.

이 일은 여름방학부터 시작해 초가을까지 이어졌다. 사회란 너른 바다에 발도 닿지 않는 자전거는 많이도 뒤뚱거렸을 것이다. 집과 학교만이 전부였던 아이에게 낯선 세상의 풍경은 새롭게 다가왔으리라. 어린 것이 땀을 뻘뻘 흘리며 다니는 것이 안쓰럽고 불쌍해 보이기도 했을 것이다. 어떤 어른은 신문 1부를 사 주기도 하고, 어떤 집에서는 시원하게 마실 것을 챙겨 주기도 했다. 열 살짜리가 스스로 번 돈으로 선물을 샀다. 흰 바탕에 갈색 무늬가 있는 블라우스였다. 가슴이 아렸다.

옷은 산뜻했다. 어미는 염치도 좋았다. 그 옷을 입고 다니며 이웃에 자랑까지 늘어놓았다. 옷 자랑에 자식 자랑을 더해 의기양양했다. 그런데 그 옷을 버렸는지 지금은 없다. 그때의 옷은 떨어지지도 않았다. 뭉뚱그려 던져버린 아련한 지난 시간이 마냥 그립고 아쉽다. 지금까지 간직해 두었더라면 큰애에게도 내게도 뜻깊은 추억으로 남았을 텐데….

애들이 초등학교 다닐 때다. 당시 털실로 옷을 짜서 입는 것이 많이 유행했다. 옷을 짜 입혔다. 꽃도 새기고 글자도 새겼다. 온갖 문양을 넣어 짰다. 학교에 가면 여선생님들의 관심을 끌었다. 겉은 예쁘지만, 안은 엉망이었는데 뒤집어 보기까지 했다고 한다. 젬병인 솜씨를 감쪽같이 감추었는데 들키고 말았다.

"엄마 그때 뜨개질한 옷 어떻게 했어요."

손녀들이 그 옷을 입을 수 있을 만큼 자랐을 때다. 지금은 할미, 어미보다 훨씬 크다. 세월이 이렇게 빠를 줄이야. 젊음은 영원할 줄 알았다. 지내고 보니 찰나다. 언제 이 녀석들이 자라 혼인하고 자식을 낳아, 그놈들이 할미가 짠 옷을 입게 될지 까마득히 멀게 느껴졌다. 또 그 옷을 입을 일은 없을 줄 알았다.

 그 아이가 지천명을 넘었다. 살아온 세월만큼 성장했음이랴. 고사리 같은 손으로 엄마에게 선물 살 돈을 벌어보겠다고 발도 닿지 않는 자전거와 싸움을 했던 때가 엊그제 같다. 그런데 어느새 얼굴엔 나이 든 태가 역력하고 머리엔 흰머리가 듬성듬성하다. '세 살 버릇 여든까지 간다.'고 했다. 그 어릴 적 책임감은 지금까지 흔들림이 없다. 자전거의 뒷바퀴가 앞바퀴를 추월하지 못하듯이 맏이는 어디가 달라도 다르다. 부모나 동생을 대하는 것이 밑에 아이들하고는 확연하다.

 하는 일이 컴퓨터만 있으면 된다. 그래서 저거 집이 있는 서울에는 일 있을 때만 가끔 들르고, 시어른이 계시는 광주에서 두 달, 우리 부부가 사는 대구에서 두 달씩 번갈아 가며 산다. 가까이 있어야 한다며 괜찮다고 해도 막무가내다. 무언가 특별히 정성 들여 키우지도 않았건만 과분한 효를 받는다.

 봄이다. 눈 쌓였던 가지에 매화가 꽃망울을 터트렸다는 소식을 마지막 겨울바람이 쫓기면서 전해왔다. 오늘도 녀석의 어깨에 기대 매화향에 젖어보려 집을 나선다.

선명한 치아 흔적

　서툴고 부족함투성이였다. 어미 되기 연습 없는 육아의 시간은 흰 도화지에 첫 점을 찍을 때처럼 조심스럽고 두려웠다. 좌충우돌이었다. 백일이 채 되기 전이었다. 희미하게 졸고 있는 가로등 불빛이 바람에 흔들리고 있는 겨울밤, 어깨를 움츠린 가장들이 낮 동안의 고달팠던 시간을 보상받고 싶어 귀가를 서두르는 시간이다. 잘 놀던 애가 보채기 시작했다. 볼은 발그레하고 고사리같이 쥔 손이 앙증스럽고 따뜻하다. 캄캄한 어둠은 아가리를 굳게 다물고 날은 더디게만 새었다. 동네 병원을 찾았다.
　"아기는 어디 있습니까?"
　그날은 바람까지 셌다. 얼마나 우듬어 쌌는지 담요밖에 보이지 않았다. 바깥공기는 다 오염되어 있고 한뎃바람은 스치기만 해도 탈 날 것 같아 근심이 가득 찼다. 애 셋을 키웠지만 둘은 완전 우유로 키웠고 첫째만 겨우 반년 남짓이 모유를 수유했다. 세상에서 가장 평화로운 것은 아기 잠든 모습이고, 가장 아름다운 것은 아기에게 젖 물리고 있는 엄마 모습이라고 한다. 앞니가 나기 시작하려고 하니 잇몸이 근질근질하였나 보다. 빨고 있던 젖꼭지를 깨물었다. 생각할 여유 같은 것은 있을 수 없다. 그 보드랍고 상기된 볼을 사정없이 내리쳤다.

"앙~~."

볼이 벌겋게 부풀어 올랐다. 자지러질 듯이 울어 댔다. 나도 울었다. 아파서보다 안쓰럽고 미안해서 울었다. 젖꼭지에는 이[齒] 자국이 선명하고 피가 맺혔다. 그 찰나刹那를 참지 못하다니, 한심한 어미였다.

6~7개월 되었을 때다. 아래위 앞니가 두 개씩 났다. 쌔근쌔근 잠든 걸 혼자 남겨두고 잠시 밖에 나갔다. 잠잘 때 기저귀 빨고 젖병 소독하고 이유식 챙겨야 하니 할 일이 태산이다. 빨리 돌아와 돌봐야 하므로 일을 다 매조지지 못하고 서두르기 일쑤다. 언제나 시간은 촉박했다. 방으로 들어갔다. 토끼 똥 같은 것이 굴러다니고 있었다. 언제 깨어났는지 온 방바닥을 기어다녀 기저귀는 벗겨지고 없었다. 그중 한 똥에 이[齒] 자국 같은 것이 보였다. 얼른 입을 벌려 안을 살폈다. 이에 똥이 묻어 있다. 오~~ 신이시여, 이 일을 어쩌면 좋아. 그러나 이미 물은 엎질러졌다. 빨리 가제 손수건으로 꼼꼼히 닦아주는 수밖에 별도리가 없었다.

이렇게 제 똥까지 먹었으니 탈 없이 자라야 하지 않는가. 돌 무렵이 되자 얼굴은 오동통하고 엉덩이는 토실토실 살이 올랐다. 이 세상 그 어떤 꽃보다 더 귀하고 예쁘다. 엄마만 알아들을 수 있는 말을 날이면 날마다 한마디씩 토해낸다. 배밀이를 하다가 무릎을 세워 기고, 어느새 다리를 배 밑으로 밀어 넣고 앉는다. 그러다 짚고 혼자 서면 발자국을 떼기 시작한다. 이러던 놈이 한창 말 배우고 걸음마 떼려고 할 때 설사병이 났다.

하루가 다르게 살이 빠졌다. 짚지 않고는 혼자 서지도 못했다. 경상감영공원 앞에 '김집소아과'가 있었다. 대구에서는 제일 유명했다. 병원에는 아픈 아기들과 수심에 찬 엄마들로 북적거렸다.

"상태가 아주 위험합니다."

의사 선생님의 말씀 한마디는 젊은 엄마들의 가슴을 철렁 내려앉게 하였다. 우리 차례가 되었다. 내 애에게는 설마 저런 말 하지 않겠지. '설마'는 생사람도 잡는다. 의사는 잔인하고 간호사는 서툴렀다. 잠자리 날개같이 투명하고 여린 손등에 주삿바늘을 꽂는다. 혈관을 찾느라고 살갗 밑을 후볐다. 자지러질 듯 우는 아이의 울음은 어미 가슴을 비수로 찌르듯이 아프게 했다. 그는 모든 아기에게 무슨 선고 내리듯이 비슷한 말을 쏟아냈다. 아기들 병은 잘 고쳤는지 몰라도 애간장 녹는 엄마 마음은 헤아릴 줄 몰랐다. 그 후 다시는 그 병원에 발걸음하지 않았다.

만추의 보름 달빛이 땅에 깔렸다. 이 녀석이 어느덧 반백의 나이가 되었다. 맏이로서의 자리가 무겁지나 않았는지, 토해내지 못한 서러움은 없었는지. 어찌 없었으랴. 그저 묵묵히 집안의 중추 역할을 잘하고 있어 마냥 고마울 뿐이다. 어느 날 언뜻 보니 세월의 무게에 부대껴서인가 몸피가 수척하고 목선이 가늘어 보인다.

"어디 몸 안 좋으냐?"

"아니 괜찮아요."

어물쩍 둘러대는 품이 어설프다. 살이 빠지는가 싶으면 마음이 짠하고 또 조금만 오르면 뚱뚱해지지나 않을까 염려하게 되는 것이 어미 맘이다.

"너는 이 세상에서 유일한 존재야. 울고 싶을 때도 있었고 가슴 아픈 시간도 있었지만, 행복했던 때가 훨씬 많아. 내게로 와줘 정말 고마워."

흰 도화지에 그림을 어떻게 그렸는지는 모른다. 다만 옆으로 물감이 번지지 않게 최선을 다했을 뿐이다. 나머지 미완성 부분은 그들 몫이다. 고운 색으로 마무리 잘하기를 바랄 뿐이다.

뿌연 먼지 뒤집어쓰고 종일토록 시가지를 헤매다가 집 앞 계단을 오르는 낯익은 발소리에 귀를 기울인다.

서툰 어미

"**어머니,** 경주에서 1박 하는 거 어때요?"

둘째 녀석이다. 목소리 울림통에 구멍이 난 것처럼 힘이 빠졌다. 남편도 자식도 다 떼어놓고 우리끼리만 가잔다. 애들이 이제 좀 컸다고 자기들만의 시간을 달란다. 어미와 둘만 가려니 그리 즐거울 수만은 없나 보다.

어미를 많이 닮았다. 늘 보는 이목구비는 모르겠지만 자세며 분위기가 같다. 피는 못 속인다고 한다. 취향이 비슷해 여행을 무지 좋아한다. 내가 하는 여행은 거의 다가 녀석의 기획이다. 6대주를 다녀올 수 있었던 것도 모두 둘째가 주선한 덕이다. 오지 않을지도 모르는 미래, 내일로 미루지 않기를 정말 잘했다는 생각이다. 좋아하는 일을 여유 있을 때 한다는 것은 말짱 헛되기 십상이다. 기회가 주어지면 냉큼 잡아야지 다리 떨릴 때 후회해

봐야 아무 소용이 없다.

녀석은 대학 때 처음으로 한 달 동안 유럽 배낭여행을 다녀왔다. 이것을 필두로 이스라엘의 키부츠(협동조합 형태의 생활 공동체)에 참여해 1년여 가까이 중동과 아프리카를 두루 다녔다. 졸업하고 직장에 발령나기 전에는 중국을 거쳐 동남아를 5개월여 동안 휘돌아왔다.

"어머니, 거기가 어디라고 여자 혼자 여행을 보내요?"

돌아오고 나서 아들의 힐책이다.

어미는 무식해서 용감했지만, 녀석은 딸 셋을 키우며 돈도 버는 우직한 나의 딸이다. 죽을 지경이라고 하소연할 때도 많지만 전신에는 담력이 서려 있다. 코로나19도 겪어야 했지만, 직장과 아이들 학교생활도 있으니, 해외여행은 실행하기가 어렵다. 그래서일까? 국내로 눈을 돌렸다. 주말이면 전국 구석구석을 누비며 숨을 고른다. 가끔은 어미도 동참시켜 준다. 이런 녀석에게 둘째의 서러움이 있다.

첫째가 태어나고 2년 4개월여 만에 녀석이 고고의 성을 울렸다.

"목소리가 우렁찹니다. 사내가 분명합니다."

산실 바깥에 있던 병원 관계자의 말이다. 아들은 꼭 있어야만 하는 것이라고 여기던 시절이었다. 맏이가 딸인 것을 알고 있으니 확실하진 않지만 잠시나마 가장을 안심시켜 주고 싶으셨으리라.

이 녀석이 동생을 빨리 보고 싶었나 보다. 13개월 만에 아들이 태어났다. 1년여 동안 혼자서 차지하고 있던 길든 어미 품이었다. 그런데 어느 날 갑자기 등장한 낯선 놈이 밀어제치고 들어앉으니 얼마나 서럽고 두려웠으랴. 사랑에 목말라 기어오르는 것을 매몰스레 내치지나 않았었는지, 지나온 세월에 대한 회한의 절규는 그냥 눙치고 애써 외면할 뿐이다. 둘이 같이 기저귀 채우고 젖병을 물렸다. 아들딸 가려서 돌볼 그럴 겨를이 없었다. 눈앞의 일을 다하는데도 힘에 부쳤다. 하지만 밑이 아들이고 어리다 보니 아무래도 더 신경 쓰고 살폈음이리라.

내 등은 빌 날이 없었다. 들일 나가는 아낙이 허리띠를 졸라매듯이 힘주어 띠를 묶었다. 빈약한 가슴 때문인지 문지방을 넘기도 전에 엉덩이까지 흘러내리기 일쑤였다. 그러던 어느 날이었다. 둘째를 업는다고 뒤로 돌렸다. 순간 누가 꼬집기라도 하는 듯이 파랗게 질려 넘어갈 듯 자지러지게 울어 젖혔다. 영문을 알 수 없어 뒤돌아보니 벽에 걸려있는 수건을 잡으려다 놓쳐서 그렇게 울어 댔다. 그 후로 이 물건을 손에서 놓지 않으려고 떼를 썼다. 모서리 잡은 손을 인중에 대고 살살 문지르며 엄지손가락을 빨기 시작했다. 하도 많이 빨아 오른쪽 손가락이 왼쪽보다 훨씬 가늘었다. 가여운 마음에 앞서 섬뜩 겁이 났다. 세월이 가자, 빨지도 않고 굵기도 양 손가락이 같아졌다.

녀석은 비위가 약했다. 젖을 자주 토해서 아이의 몸과 내 몸에서는 젖 삭은 냄새가 늘 배어 있었다. 그 깊고 아득한 냄새에는 가슴을 적시는 알 수 없는 슬픔 같은 것이 스며들었다. 그 슬픔에는 한 생명의 부모 되는 천륜의 바탕이 깔려 있음이랴. 옷자락에 흥건히 배어드는 젖내 똥오줌 섞인 냄새는 어미 되는 과정의 증표였다.

지금도 그때만 생각하면 가슴이 찡하다. 처음 연 날리러 나온 아이는 바람의 결을 알지 못했다. 첫 시도에서 땅으로 떨어뜨리고 마음 쓰려하는 소년 같은 서툰 어미였다. 동생에게 사랑을 빼앗겨 그랬다는 것을 안 것은 훨씬 나중이었다. 안고 젖병 물리며 살을 맞댔다. 서로의 눈에 비친 눈부처를 보면서도 어미 사랑에 목말라한 아이의 마음을 읽지 못했다. 밑에 녀석을 앞으로 안고 누우면 녀석은 내 등에 그 작은 손을 넣고 살살 비볐다. 나는 보지 못하고 느끼지 못했던 아둔한 어미였다.

이 녀석이 어느새 중년이다. 초, 고, 대 학부모에 직장 일로 눈코 뜰 새 없이 바쁘다. 그 와중에 여행을 가자고 한다. 일찍 피었던 꽃들이 지고 잎들이 녹색 물을 힘차게 빨아올리고 있다. 보리는 패기 시작하면 한 달 후면 먹을 수 있다고 했다. 곧 밀이 익을 것이다. 살구가 단맛을 올리고 누렇게 여물어 구미를 당기면 봄의 끝자락이다. 이 봄날이 다 가기 전에 서둘러 짐을 꾸려야겠다.

거품

둘째가 태어났다. 음력 섣달 초순 한겨울이다. 하늘 끝에 드리워졌던 붉은 햇무리가 사위어 들면 땅에 깔린 엷은 달빛이 더욱 차갑고 시렸다. 잔설을 스치는 바람 끝이 온몸을 오그라들게 하는 엄동 한복판이었다. 우수수 철 대문을 할퀴고 지나가는 매운 바람 소리가 방문을 잡아당기게 했다. 연탄불 위에는 언제나 더운물이 올려져 있고 헌 양말을 뭉쳐서 만든 아궁이 숨통은 느슨하게 막아 두었다. 방에서 유리창을 통해 내다본 마당은 봄을 재촉하는 햇살이 가득 채우고 있다. 하나도 안 추워 보였다.

어머니는 고무장갑을 사용하지 못하셨다. 평생을 맨손으로 일을 해 오셨으니 그 어둔함을 감내하려 하지 않으셨다. 세 가구가 같이 사용하는 수도는 마당 한쪽 구석에 있었다. 수돗가 빙판은 퍼렇게 더께가 져 자칫 발을 잘못 떼어 놓았다가는 나뒹굴어지기 십상이었다. 그곳에서 엄마는 산모 빨래, 아기 빨래, 미역을 눈 녹은 물에 헹구셨다. 나도 김장할 때 말고는 고무장갑을 끼지 않는다. 지금은 수도꼭지를 젖히기만 해도 더운물이 펑펑 나오는 세상이다. 단열 처리가 잘된 아파트는 한겨울에 반소매로 생활해도 크게 불편하지 않다. 겨울만 되면 매서운 바람에 떨었을 어머니 생각에 마음이 시리다.

방은 자글자글 끓었다. 나는 뜨거운 구들에 온몸을 지긋이 지지고 있었다. 삼칠일이 지나도록 바깥출입을 하지 못하게 하셨다. 아기의 이불을 들추면 김이 무럭무럭 났다. 갓난아기는 그래야 잘 큰다고 했다. 일 매짓고 들어오는 엄마의 몸에는 냉기가 훅 끼쳤다. 뼈저리게 시렸을 손은 얼음덩어리를 쥐는 것 같았다. 소맷자락과 목 언저리로 스며든 찬 기운이 서걱댄다. 고무신 속의 발은 얼음이다. 귀에 익은 발소리에 얼른 아랫목을 차지하고 있던 이불을 밀어제쳤다. 큰놈은 시월 상달에 태어나고, 막내놈은 춘삼월 호시절에 태어나 산바라지하시는 어머니를 덜 애먹였는데, 이 둘째 놈은 한겨울에 태어나 무진 고생하게 했다. 이 놈이 영유아기를 지나면서 할미와 어미, 온 가족의 혼을 쏙 빼곤 하였다.

"어떻게 해요. 빨리 좀 와 봐요."

한 울타리 안에 사는 모든 사람을 불러들인다. 다행히 간호사도 있었고 기氣를 틔워주는 딸 줄 아는 어른도 같이 살았다. 열만 오르면 경기를 했다. 겪어보지 않은 사람은 모른다. 그 무섭고 절박한 순간을. 온몸에 힘이 없어지고 사지가 뒤틀리며 눈에는 흰자위가 많아지며 경련을 일으켰다. 한 분은 관장을 하고, 다른 한 분은 만지면 곧 터질 것만 같은 열 손가락 열 발가락을 바늘로 마구 찔러 댔다. 울면 달래는 것이 보통의 일인데, 그때는 때리고 찌르며 울기를 기다렸다. 그 시간이 겨우 몇 분에 지나지 않았겠지만, 초조한 마음은 일각이 여삼추였다. 조금이라도 아프면 열날까 봐 초조하고 열나면 경기할까 봐 긴장 속에 살았다. 이렇게 어미 간장을 녹이던 놈이 초등학교에 들어가고부터 이날 이때까지 다시는 그런 일이 없다.

이놈이 결혼을 했다. 큰애는 혼인한 지 20여 년이 지났건만 애기가 없다. 그런데 둘째 녀석은 혼례를 올린 지 열 달 만에 손녀를 내게 안겨줬다. 아주 힘든 난산이었다.

"수술을 해야 할 것 같습니다."

의사는 수술을 권했다. 그러나 모성은 그 힘든 과정을 감내해 냈다. 거기다 집에서 산후조리도 하고 모유 수유도 고집했다. 어미 젖을 먹지 않아도 살아남을 수 있다는 것을 알아서인가 젖이 잘 나오지 않았다. 아기는 배고파서 울고 어미는 가슴이 패어 나가는 고통에 소리 없이 들먹이는 어깨 울음으로 밤을 지새웠다. 자식을 낳고 기른다는 것은 눈물 흘릴 일이 생기는 일이다. 웃음과 기쁨과 보람도 함께지만, 어떤 때는 너무 애처로워 몰래 우유를 타다 먹인 적도 있다. 이렇게 고생해서 결국에는 모유 수유에 성공했다. 튼튼하게 자라라고 자연 분만에 모유로 키웠다. 그런데 이놈이 또 제 어미를 닮은 곳이 있다.

세 살쯤 되었을 때다. 감기를 며칠 앓더니 열이 나기 시작했다. 자라 보고 놀란 가슴 솥뚜껑 보고 놀란다고 온몸에 긴장이 들었다. 아니나 다를까, 안 좋은 일은 비껴가는 법이 없다. 속이 뜨끔하고 가슴이 덜컥 내려앉았다. 낯빛을 살펴보니 경기 증세가 보였다. 어미 때는 옆에 지원군이 수두룩했는데 지금은 아무도 없다. 애 셋을 키웠다고는 하지만 할 수 있는 게 하나도 없다. 다급하고 궁지에 몰리면 못 하는 것이 없게 된다고 하는데 아직 덜 급하다는 말인가. 몸은 후들거리고 마음은 천 길 낭떠러지로 떨어지는 것 같다. 바늘을 잡는 대신 119로 전화를 걸었다. 한 번도 해보지 않았었는데 저절로 손이 갔다. 내 새끼보다 두벌자식은 더 두렵고 조심스럽다. 더구나 그것이 외손일 때는 더 어렵다. 애 키워준 공은 없다고 한다. 잘해야 본전인 것이 이 일이다. 이 녀석이 어느새 훌쩍 커 할미를 내려다본다.

젊은 시절 시장에서 보았던 한 장면이 나의 뇌 어느 한 부분에 꽉 박혀 있다. 중년의 여자가 뇌전증 증상을 보이며 시장 바닥에 널브러졌다. 얼굴은 일그러지고 눈동자는 한쪽으로 모이고 입에는 거품을 물고 사지를 떨었다. 얼마나 무섭고 비참했던지 잊히

지 않는다. 내 새끼며 두벌자식까지 열만 오르면 그 장면이 떠올라 몸서리가 쳐졌다. 그 순간 혼을 뺐던 기억은 지금도 상상하기조차 싫다.

　세월은 참으로 빠르기도 하다. 그렇게 엄동설한에 태어나 산바라지하시는 할머니를 고생시켰던 녀석이 어느새 오십을 바라보는 중년이 되었다. 머리가 희끗희끗한 초, 중, 고등학교 학부모가 되어 어미 가슴을 서늘하게 한다. 겨울이 지나면 봄이 온다. 그러나 인생의 봄, 여름, 가을, 겨울은 일회성이다. 어느덧 겨울의 끝자락, 마무리 잘해야 할 계절이 코앞이다.

운빨

"**어머니**, 이제 오셔도 돼요. 한번 오세요."

 코로나19가 기승을 부리던 2021년 10월에 중국 현지법인 주재원으로 간 아들의 말이다. 처음 갔을 때는 고생이 이만저만 아니었다. 음성판정을 받고 가도 현지에서 두 달간 격리 생활을 했다. 두 달 늦게 간 가족도 같은 과정을 거쳤다. 도착하고 자리만 잡으면 끝인 줄 알았다. 한국에서 백신을 다 접종하고 갔건만 이놈의 전염병이 온 식구를 그냥 두지 않았다. 의료체계가 우리와는 천양지차다. 약도 구할 수 없고 병원은 언감생심이다. 그래도 다행으로 모두 무사히 잘 넘겼다. 일 년 반이 넘으니 이제 조금 안정을 찾아가는가 보다.

 두 딸을 낳고 노심초사 끝에 얻은 아들이다. 속으로 먹은 마음은 겉으로 드러나기 마련이리라. 아니라고 우겨보지만, 동생을 더 귀하게 여겼다며 딸들의 항변을 들을 때가 지금도 가끔 있다. 나도 보통의 한국 어미임에야, 변명의 여지가 있으랴. 그러나 이제는 시대가 바뀌었다. 남자면 어떻고 여자면 어떠랴. 생명을 부여받고 세상에 나온 것만으로도 아주 소중하고 사랑받을 가치가 충분한 존재다.

녀석이 고등학교 때다. 한번은 학부모 모임에 갔었다.

"아드님 아무 말 없었습니까?"

"아~~ 네, 없었는데요. 무슨 일 있습니까?"

몽둥이찜질을 했단다. 80대를 맞고도 어미에게 말 한마디 하지 않았다. 한여름인데도 긴 추리닝을 입고 있었던 이유를 아는 순간이었다. 부반장이면서 담배를 피워 때렸다고 했다. 한 놈에게 본때를 보여줌으로써 기율을 잡아보려 한 것은 아닐는지. 남자들의 설 자리가 점점 좁아지고 있다.

아들이 생활통지표를 내민다. 고개를 떨군 모습이 안쓰럽다. 흰 종이 위에는 내가 지금까지 한 번도 받아보지 못한 글자로 온통 도배되어 있었다. '행복은 성적순이 아니다.'라고들 항변한다. 하지만 효는 학교생활에서 공부 잘하는 것이고 사회에 나와서는 돈 잘 벌고 가정 잘 꾸리는 것이니, 이는 부정할 수 없는 진리이리라. 효율성을 최고의 덕목으로 꼽는 사회에서 자신들의 꿈과 욕망을 펼치기에 바깥세상은 너무 거칠고 협소하다.

입시철이 되었다. 눈치 보기에 바쁘다. '지지자불여호지자知之

者不如好之者, 호지자불여락지자 好之者不如樂之者, 아는 것은 좋아하는 것만 못하고, 좋아하는 것은 즐기는 것만 못하다.'라고 공자님은 말씀하셨다. 하지만 우리의 현실에서는 까마득한 얘기로만 들릴 뿐이다. 사회가 공인하는 모범답안은 좋아하는 것을 즐기면서 할 수 있는 일은 요원하기 그지없다. 덜 성숙한 몸으로 불안전한 시간 속에서 헤매는 젊음이 안쓰럽다. 수능 성적에 따라 학교를 선택해야 하는 고달픈 청춘이 휘청거리고 있을 따름이다. 누군가를 밀어젖혀야 '내'가 설 수 있다는 사고를 심어준 건 기성세대이다.

입시지원서를 가지고 왔다. 담임선생이 선택해 준 대학이 적혀 있다. 죄짓는 일도 아닌데 손끝이 떨렸다. 누가 쫓아오는 것처럼 마음이 급했다. 선생님이 쓴 글자가 아른거렸지만 용기를 냈다. 펜 잡은 손가락에 힘을 주었다. 두 줄을 긋고 도장을 꽉 찍었다. 그리고는 우리가 원하는 대학을 적어 넣었다. 합격 통지서를 기다리는 동안 입술은 바짝바짝 타들어 갔다. 마지막 3차 합격자 발표 때가 되어서야 입학허가서가 도착했다.

대학 생활이 시작되었다. 어렵게 들어갔으니 남보다 열심히 해 주리라 기대하는 것이 부모 마음이다. 그런데 아니었다. 그는 매일 술독에 빠져 들어왔다. 입시로부터의 받은 중압감을 선배는 술로 달래 주려 하는 것 같았다. 저러고도 제때 학교를 졸업할 수 있으려나 걱정이었다. 일 년을 마치고 입대하였다.

아르바이트를 시작했다. 제대하고 복학하기 전이었다. 큰애가 있는 대전의 대학에서다. 주말이면 내려와 친구들과 어울렸다. 한번은 저녁 늦도록 마신 술이 깨기도 전에 핸들을 잡았다. 경부선 김천 조금 못 가서 중앙 분리대를 들이받고 전복되었다. 차는 폐차시켰다. 녀석은 새끼손가락만 조금 긁혔을 뿐 아무 이상이 없었다. 반나절도 안 되는 짧은 시간이었다. 가슴을 짓누르던 돌덩이가 스르르 내려갔다.

"세상의 모든 신이시여! 감사합니다. 어느 신전에도 발 들여놓지 못한 부족한 어미를 용서하소서."

남편이 곧장 달려가 아들을 출근시키고 사건을 마무리했다. 아찔했던 순간을 생각하면 지금도 소름이 돋는다. 조상님께서 돌보아 주셨음이리라.

대학 졸업 마지막 학기였다. 다니던 대학은 대기업에 입사 원서라도 내 볼 수 있는 맨 마지막 학교였다. 여러 곳에 원서를 내 보았지만 허사였다. 그러다 창원에 있는 중소기업에 취업이 되었다. 대기업이 최대 주주로 있는 회사였다. 이 회사는 다른 회사로부터 물건을 납품받아 자사 상표를 걸고 영업을 하는 곳이었다. 하나쯤은 자체 생산하는 브랜드를 가지려고 하던 참이었다. 회사가 이름을 바꿔 달았다. 하루아침에 대기업 사원이 되었다.

같은 회사에 다니는 친구가 있다. 초중학교는 한 학교에 다녔고 같은 아파트에 살았다. 그 친구는 서울대학교로 진학했다. 지방대학 그것도 국립도 아닌 사립대학을 겨우 졸업한 내 아들이다. 한번은 그 친구가 말했다.

"중학교 때는 네가 내 라이벌이었는데."

성년이 되었다. 사회에 발을 내디딜 때가 되니 위치가 확 달라져 있다는 얘기였음이라. 가는 길이 영판 다를 줄 알았다. 같은 회사 녹을 먹을 줄이야. 복은 끌로도 못 파낸다고 한다.

"동생은 억세게 운 좋은 녀석이야."

누나들이 하는 말이다. 대학도, 교통사고도, 직장까지 흔치 않은 운을 타고났다. 운도 노력 없이는 그냥 오지는 않을 것. 주어진 일에 최선을 다하고 지난날을 잘 견뎌온 삶의 흔적일 것이리라. 그저 큰 변고 없기를 바라며 조심스럽게 기도하는 마음으로 하루하루를 살아갈 뿐이다.

4월 초에 아이들 봄방학을 맞아 잠깐 다녀갔다. 1년 반 만의 해후다. 피붙이와 살갗을 맞대니 격한 감정이 울대를 타고 올라왔다. 부대낄 시간이 짧다. 코로나19가 숙지고 양국 간에 소원했던 교류가 좀 트일 기미가 보이니 머잖은 날에 한 번 다녀올 수 있게 되기를 기대한다.

타향살이

지난겨울부터 이 봄 내내 비다운 비 한 번 내리지 않는다. 오늘도 하늘에는 구름 한 점 없이 햇볕이 쨍하다. '코로나'가 세계인의 마음을 흙먼지로 뒤덮고 있다. 이국땅에서 애쓰는 아들이 안쓰럽다.

"뭐라도 좀 보내주랴."

화면 속 아들 얼굴에 살이 쏙 빠졌다. 키가 근드렁하게 커 한 덩치 하던 녀석이 매가리가 하나도 없어 보인다. 지난해 10월에 근무처를 중국으로 옮겨 고생이 심하다. 식구들만 합치면 모든 게 잘 되리라 믿었다. 처음 입국해서 4주 동안 격리했다. 가족의 초청장이 빨리 발급되지 않아 애를 태웠다. 나머지 식구는 1월 초에 입국해서 또 4주를 격리했다. 그래도 가족이 있고 사랑이 있는 고생이니 참을 만하리라 스스로 위로했다. 이제 고생은 끝인가 싶었다.

쑤저우에 자리 잡았다. 근무지와는 차로 40분 거리라고 한다. 중3인 큰손녀와 초등학교 4학년인 둘째 손녀도 편입학이 완료되어 학교에 다녀왔다고 자랑했다. 그러나 안도의 숨은 하루로 끝났다. 상하이가 봉쇄에 들어가자, 주변에 있는 쑤저우도 부분 봉쇄에 들어갔다. 학교는 하루 만에 문을 닫았고 아들은 회사 근처에 임시거처를 마련했다. 가족을 지척에 두고 이산가족이 되었다. 함께해야 할 저녁이 오건만, 지는 노을을 바라보며 마음 시리게 떨고 있을 녀석들 생각에 마음이 아프다. 불편한 생활에 제대로 된 식사를 하지 못해서인가, 얼굴이 안돼 보였다.

"살 좀 빼라. 술 좀 줄이고, 야식은 하지 마라."

전화기만 들면 잔소리를 늘어놓곤 했다. 그런데 화면에 비치는 핼쑥한 모습을 보니 가슴이 찡하다. 적당한 운동으로 건강하게 살을 빼야지, 옳게 먹지 못해 살이 빠진 것은 아닌가 하는 생각을 하니 어미 마음은 만감이 교차했다.

중국 정부는 '제로 코로나' 정책을 고집했다. 불길을 막고 불을 끄려고 안간힘을 썼다. 분출하려는 활화산의 분화구를 억지로 막고 사람들의 왕래도 제한했다. 그러나 막는다고 될 일이 아니었다. 세계는 빛의 속도로 변화하고 있다. 빗장을 아무리 걸어 잠가도 빛은 들어오게 되어 있다. 파리에서 유행하는 패션이 서울까지 오는 데 걸리는 시간은 밤을 넘지 않는다. 지금은 세계가 한 울타리 속에 있다. 바이러스는 이보다 더 빠르다. 남아프리카공화국에서 발견되었다는 '오미크론'은 하루가 멀다고 퍼져, 세계 곳곳에서 확진자가 나타났다.

강제로 막고 있던 분화구가 폭발했다. 인구 2,600만 명이 넘는 세계 경제의 허브인 상하이에서 코로나 확진자가 쏟아졌다. 중국 정부는 이 거대한 도시를 폐쇄했다. 차도 사람도 멈췄다. 도시에는 검은 장막이 드리워졌다. 세계의 흐름을 읽고 적절한 대처가 필요할 텐데 강제로 도시 전체를 틀어막았다. 용암은 지구 안에서 흐르고 있다. 지구 밖에 있는 강은 둑을 만나면 허물어뜨리고 산을 만나면 휘돌아 흘러 바다에 이른다. 용암도 마찬가지리라. 흐르다가 막히면 분출하는 것이 화산이다. 또 가끔 숨 쉬는 곳이 간헐천이다. 이렇듯 흐름의 길을 터주어야 지구의 건강이 유지될 수 있다. 도시도 사람도 마찬가지리라. 강제로 막고 있으니, 바이러스보다 사람이 먼저 폭발할 것만 같다. 보편적 세계의 룰을 외면한 채 외곬으로 꽉 막고 있으니, 휴화산처럼 평온할 뿐이다. 그러나 언제 어느 곳에서 분출할지 마음이 조마조마하다.

눈에 보이지도 않는 미물이 거대 중국을 옥죄고 있다. 우리나라를 비롯해 대부분의 나라에서 집단면역이 형성되어가고 있다. 단절되었던 시간과 공간에서 다시 일상생활로 서서히 돌아서고 있다. 그러나 이 나라는 '제로 코로나' 정책 탓에 '집단면역 형성'이 요원해 보인다. 폐쇄경제 정책에서 벗어나 개방을 통해 괄목

할 만한 성장을 이루어 세계 경제 대국의 반열에 올랐다. 국격에 맞는 국제무대에서의 역할이 있을 것이다. 국토와 국방력, 경제력만 대국이면 무엇하랴. 국제사회에서 그 몫을 못 하고 소인배 노릇만 하면 설 자리는 좁아질 수밖에 없으리라.

　세계는 변했다. 남의 나라 일이 아니고, 강 건너 불구경할 때가 아니다. 공생 못 하면 공멸하는 세상이다. 문전옥답에서 농사지어 내 식구 배만 불리면 되던 시대는 지났다. 국제사회는 냉혹하다. 내 편이었던 국가가 언제 남의 편으로 돌아설지 아무도 예측 못 한다. 국익에 따라 노선을 바꾸는 것이 비일비재한 세상이다. 안면박대는 국제사회에서도 예외가 없다. 러시아는 우크라이나라는 화약고에 불을 지폈다. 불은 활화산이 되어 전 국토를 불바다로 만들었다. 세계의 패권을 노리는 강대국들의 과욕으로 약소국의 국민들을 피바다로 몰고 간다. 많이 죽일수록 영웅이 되는 전쟁이 21세기에도 현재진행형이다.

　"어머니, 걱정하지 마세요. 좀 불편할 뿐이지 괜찮아요. 이제 곧 풀릴 거예요."

　안심시키려고 하는 말이 더 짠하다. 5월 말이면 해제될지도 모른다고 하니 기다려볼 수밖에 별도리가 없다. 이 버거운 시간은 언제쯤 끝이 나려나, 어서 비가 흠뻑 내려 메마른 대지를 적셔주고 '코로나'가 물러나기를 염원한다.

아픈 손가락 1

빛바랜 추억이 희미하게 잡힌다. 난산의 고통을 겪고 핏덩이 같은 가냘픈 몸뚱이가 내게 왔다. 그때가 엊그제 같은데 녀석이 어느새 고등학교 졸업반이다. 나는 손녀만 다섯이다. 성리학이 골수에 밴 가정에서 30년 가까이 자랐다. 대를 잇는다는 것은 조상의 지엄한 명령이었고 거역할 수 없는 막중한 과제였다. 여자는 남의 가문에 가면 아들 낳는 것이 첫 번째 해야 하는 도리였다.

세상은 급속하게 바뀌었다. 여권은 남권을 추월할 정도로 신장하였다. 남녀 차별 없는 학력과 이를 받침으로 하는 경제 활동은 여자의 어깨에 힘을 불어넣었다. 아들을 못 낳아도 하나도 기죽지 않는다. 기가 죽어도 안 되지만, 엄연히 남녀의 구별이 있는데 요즈음 거의 모든 분야에서 차별을 찾기가 어렵다. 이러한 것이 곱게만 보이지 않는 것은 변화에 따르지 못하고 낡은 사고방식에서 벗어나지 못한 내 사고의 한계리라.

둘째는 결혼하고 열 달이 지나자, 손녀를 안겨주었다. 내 자식 키우고 30여 년이 넘어서 집에 아기 울음소리가 났다. 모유가 잘 나오지 않았다. 초유는 꼭 먹여야 면역력이 생긴다고 했다. 녀석은 울음을 그치지 않았다. 어미도 울고 새끼도 울었다.

"우유 조금만 먹이자."

"안 돼요. 엄마."

어미는 강했다. 젖병과 우유에 길들고 맛 들이면 그러잖아도 잘 나오지 않는 젖꼭지는 아예 빨려 하지 않는다며 아픔을 누르며 참고 견뎠다. 하지만 할미는 가만히 보고만 있을 수 없었다. 몰래 우유를 몇 번 타다 먹였다. 모성은 기어이 유방 마사지를 받아 가며 모유 수유에 성공했다. 크면서 통통해 본 적이 없는 녀석을 볼 적마다 태어나자마자 젖배를 곯아서 그런 것은 아닌지 애잔할 때가 많았다. 요즘은 살 빼려고 안달인 세상이니 그나마 다행인지 모르겠다며 스스로 위로한다.

몇 달 지나서였다. 감기 증세를 보이더니 열이 오르기 시작했다. 열에 대한 트라우마가 있다. 어미는 열만 오르면 경기를 했었다. 닮지 않기를 바랐지만 비껴가지 않았다. 눈동자가 이상해지고 몸이 축 처졌다. 내 새끼보다 조심스러웠다.

"119죠, 아기가 경기를 해요. 빨리 좀 와주세요."

병원에 입원하고 밤을 새웠다. 열이 내리자 괜찮아졌다. 다시 119를 부르는 일은 없었지만, 그 후로도 몇 번 이 일을 겪어야 했다. 유치원 다닐 나이가 되자 다시는 그런 일은 없었다. 우성優性 DNA만 받고 후세가 태어나면 좋으련만 인간의 오만을 염려한 신의 배려인가, 피는 물보다 진했다.

어린이집에 갈 때다. 처음으로 집을 떠나 낯선 곳에 가려니 많이 두려워했다. 떨어지지 않으려고 울어대었다. 손에 잡고 있는 작은 드라이버를 놓지 않으려 해서 할 수 없이 그냥 보냈다. 조금 있으니, 전화가 왔다.

"할머니 빨리 오셔야겠어요. 아기가 넘어져 드라이버에 찔려 눈 밑을 다쳤어요."

다급한 선생님의 전화다. 제 것이라고 조그만 것이라도 가지고 있으면 좀 안정을 찾으려나 싶어, 그냥 둔 것이 화근이었다. 정말 천만다행이었다. 눈을 다쳤으면 어쩔 뻔했는가. 치료하느라고 얼마나 아프고 무서웠으랴. 아기들은 병원 문 앞에만 가도 울고 흰 가운만 보면 자지러지는 것이 보통이다. 그런데 이놈은 달랐다. 다음날 치료차 재방문했을 때다. 의사 선생님이 처치하는 의자에 오르라고 하기도 전에 기어올랐다.

"오~~ 요 녀석 용감하구나."

애간장 녹이는 일이 어디 한두 번이랴. 하지만 웃을 일이 훨씬 많았다. 아이들이 한 가지씩 새로운 짓을 할 때마다 행복 한 뭉텅이가 안겨졌다. 이가 나고 걸음을 떼고 어미의 통역 없이는 알아들을 수 없는 말을 한마디씩 내뱉을 때 햇살은 따사롭고 주변은 화사했다.

맏이로 태어나 친가 외가의 사랑을 몽땅 차지하고 자랐다. 사랑도 받아본 사람이 할 줄 안다고 한다. 녀석은 배려심 많은 소녀로 성장했다. 한번은 학급 학예회가 있다고 해서 참석하게 되었다. 책걸상을 한쪽으로 밀어 놓고 무대가 만들어졌다. 배역이 끝나면 다음 장면을 위해 다시 정렬해야 했다. 그럴 때마다 제일 먼저 일어나 다음 출연자를 위해 정리 정돈을 했다. 집에서는 착한 딸, 동생들에게 무엇이나 양보하는 마음씨 고운 녀석이 대견하다.

수능이 코앞으로 다가왔다. 부모가 원하는 대학이 아닌 본인이 원하고 좋아하는 학교에 진학하길 바란다. 아픈 사람만 대하는 의사나 범법자만 상대하는 판검사가 뭐 그리 좋다고 모두 그 자리에 오르지 못해서 안달인지.

내 자식 키울 때다. 법대나 의대 가기를 원했던 적이 있었다.

"엄마, 손가락 끝의 피도 못 보는데 의대는 무슨 의대예요. 그리고 신도 아닌데, 어떻게 사람이 사람을 판결해요."

잊고 살았다. 내 집 일이 아니니 강 건너 불구경이었다. 손녀의 대학 입시가 다가오니 야무지고 단호했던 말에 내 꿈을 접었던 때가 생각났다.

곧 대학생이 될 것이다. 학문을 쌓고 청춘을 즐기며 사회에 나와 자신의 자리를 굳건히 지키는 사람으로 거듭날 것이다. 자기 생각을 자신의 말로 당당하게 말할 수 있게 성장하리라. 노력보다 값진 보상이 어디 있으랴. 후회 없는 대학 생활을 빌어 본다. 흩어진 옷깃을 다잡아 여미고 첫발을 내디딜 내 첫 손녀, 아들보다 더 미덥다. 사랑한다. 우리 주현이.

아픈 손가락 2

나보다도 키가 더 크다. 나만의 아픔이 아니라 다른 수많은 사람들도 겪는 일일 것이다. 작은 고통에 마음 아파했던 지난 일들이 부끄러워진다. 어엿한 소녀가 되었다. 내게로 두 번째로 찾아온 보물이다. 친손으로는 첫째다.

어미 배 속에서 제달도 다 못 채우고 배를 가르고 나와서 첫 대면을 했다. 다행히 산모도 애기도 건강했다. 출산 휴가가 끝나자, 녀석이 내게로 왔다. 첫 날갯짓으로 하늘을 만나는 아기 새처럼 여리고 여린 몸이 내게 안겼다.

내 자식을 키운 지 30여 년이 넘었다. 그때의 기억은 햇살이 퍼지면 사라지는 벌판의 아지랑이처럼 흩어져 가물거릴 뿐이다. 녀석은 귀하고 조심스럽고 소중하기가 그 무엇과도 비교할 수 없었다. 오물거리는 입, 작은 코로 내뿜는 숨소리, 작아도 갖출 것은 다 갖춘 신비한 생명체는 가슴이 아플 만큼 행복을 안겨주었다. 맑디맑은 눈 속에 할미의 얼굴을 담고서 방긋 웃는다. 그럴때면 세상 모든 시름은 눈 녹듯이 녀석의 눈 속으로 빨려들었다.

이렇듯 예쁜 녀석이 할미 애간장을 태우기 시작했다. 똥을 누지 않는 것이다. 기다리는 시간이 길어질수록 초조한 마음은 갈피를 못 잡고 안절부절 불안해지기 시작했다. 일주일, 열흘, 보름이 지나도록 감감무소식이다. 병원을 찾았다. 살얼음을 밟듯 조심히 다루어야 할 소중한 생명은 껴안으면 으스러질 듯 연약했다. 잠자리 날개같이 혈관이 비치는 살갗에 주삿바늘이 꽂히고 조그만 항문으로 관장을 했다. 그러나 그때뿐이었다. 제대로 변을 보지 않았다.

내시경을 해보자고 했다. 내 힘으로 할 수 있는 것은 아무것도 없었다. 의술에 기댈 수밖에 다른 도리가 없음에 답답한 마음은 짓눌리고 찢어졌다. 발가벗겨진 그 작은 몸으로 이물질 삽입을 견디는 고통을 바라보아야 하는 할미 마음은 삭풍에 흔들리는 나무처럼 떨리고 무서웠다. 의사의 손길은 하지 않아도 되는 일을 하는 것처럼 기계적이고, 애간장 녹는 내 마음은 그들과 아무 상관도 없어 보였다. 주위의 애처로운 눈빛도 거북할 뿐이었다. 다행히 아무 이상은 없다고 했다. 퇴원해서 변비에 좋은 것을 챙겨 먹이는 수밖에 별다른 방법이 없었다.

녀석은 자라면서 보통 애기들보다 늦게 서고 걷기도 늦었다. 밖에 나가면 애비에게 안기려 하고 걷는 것을 싫어했다. 이런 것들이 다 그때 너무 어린 녀석에게 했던 내시경 때문인 것 같아 마음 한구석이 늘 짠했었다. 그랬던 녀석이 이제는 할미, 어미보다 훨씬 크다. 도리어 나를 보호하려고 내 손을 꼭 잡고 자신의 체온으로 녹여주는 따뜻한 마음을 가진 소녀가 되었다.

내 인생의 1순위는 자식들이다. 세민아, 고맙고 사랑한다.

아픈 손가락 3

"**할머니** 저 중학생 되었어요."

 까만 상하 교복에 흰 셔츠, 검은색과 붉은색이 교차하는 타이를 맨 사진을 보내왔다. 머리카락은 한 올도 흐트러짐 없이 뒤로 묶었다. 이마는 빛나고 눈은 초롱초롱하다. 얼마나 많은 새로운 지식을 들어 익히려는지 두 귀는 쫑긋 섰다. 예쁘고 대견스럽다. 이 녀석이 태어나자마자 할미 애간장을 녹였다.

 깜깜하지만 안온했을 엄마의 배 속에서 목소리도 우렁차게 세상에 나왔다. 이렇게 나온 녀석은 표준 키에 표준 몸무게로 지극히 정상이었다. 많은 산모가 위험과 고통을 피하고 싶은 마음과 의사들의 상술이 맞아떨어져 수술로 출산하는 경우가 많다. 내 딸은 달랐다. 세 자녀를 자연 분만하였고 산후조리도 집에서 했다. '엄마'가 되는 것은 위대했다.

그렇게 건강하게 태어난 녀석이었다. 그런데 2~3일 지나자 흰 눈자위와 얼굴에 누른빛을 띠기 시작했다. 흔히 있는 며칠 지나면 없어지는 신생아 황달이려니 하고 지켜보았다. 하루를 마음 졸이며 살폈다. 여린 피부를 손가락으로 눌러보았다. 팔, 다리, 가슴, 배 등 전신이 점점 더 노랗게 변해 가는 것 같았다. 더는 그냥 있을 수가 없었다. 처음 찾아간 의원급 병원에서는 조금 더 지켜보자고 했다. 하지만 불안감이 들기 시작한 가슴은 초조해지기 시작하고 마음은 감당이 안 되었다. 바로 어린이 전문 병원을 찾았다. 그곳에서는 바로 대학병원으로 가라고 했다. 가슴이 철렁 내려앉았다.

"황달 수치가 너무 높아 피를 다 걸러야 할지도 모릅니다."

청천벽력 같은 얘기에 너무 놀라 몸이 벌벌 떨려왔다. 작신하게 두들겨 맞은 것처럼 전신에 힘은 다 빠지고 오금이 저려 기다시피 병원 문을 나섰다. 의사는 책무에만 충실했다. 조금 덜 겁주는 말로 상태를 일러줄 수도 있을 텐데. 어미는 소리 없이 들먹이는 어깨 울음으로 바싹바싹 타들어 가는 제 가슴을 피멍이 들도록 할퀴었다. 속이 다 삭아버려 텅 빈 고목이 되어 누가 살짝만 건드려도 바로 쓰러질 것처럼 위태위태해 보였다.

핏덩이는 인큐베이터로 들어갔다. 엄마 품을 떠나 병원 생활이 시작되었다. 어미는 집에서 눈물로 시간을 깎아내고 있었다. 불은 젖을 유축기로 짜냈다. 새끼를 떼어놓은 하루는 길고도 길었다. 매일 두 번 하는 면회는 할미인 내 담당이었다. 유리창 너머로 유리 상자 속의 녀석과 만났다. 옷을 벗긴 채 눈에는 안대를 하고 누워있었다. 광선 치료를 한다고 했다. 피는 거르지 않아도 되나 보다.

"오~~~ 천지신명이시여, 일월성신이시여, 조상님이시여, 세상의 모든 신이시여, 감사합니다."

절절한 마음에 절로 두 손 모으고 머리가 숙어졌다.

이놈은 병원에 입원한 아기 중에서 제일 많이 먹고 잘 잔다고 했다.

아기가 직접 빨지 않은 모유는 점점 줄어들었다. 애간장 다 타는 엄마의 마음을 어찌 일로서 보살피는 간호사들이 알 수 있으랴. 집에서 젖을 짜서 갖다주는 모유의 양이 점점 줄어들었다.

"애를 노다지 굶겼구먼."

어미의 가슴에 비수를 꽂는 말이었다. 내 딸은 나를 닮지 않았다. 남편은 늘 내게 모성애가 50%밖에 안 된다고 말했었다. 어미는 기어이 세 명 다 모유로 키운 억척스러운 모성애 100% 엄마다. 직장 생활을 해가며 아이들이 서너 살이 될 때까지 수유했다. 젖의 양이 줄 때마다 마사지를 받았다. 참 이상했다. 젖이 퉁퉁하게 불으면 콸콸 쏟아져 나올 것처럼 보인다. 그런데 그렇지가 않다. 빵빵한 젖을 손으로 주물러 말랑말랑하게 만들어야 젖이 나왔다. 전문 마사지 샵에 다녔다. 일주일이 멀다고 전문인을 거쳐야 하는 이 과정을 겪으면서도 끝까지 모유를 고집했다.

　잘 먹고 잘 잔 덕인지 열흘 만에 퇴원하라고 했다. 집에 도착해서 아기에게 젖을 물리고 있는데 아무래도 이상했다. 열도 있는 것 같고 숨소리도 고르지 못한 것 같았다. 곧바로 다시 병원으로 향했다. 폐렴이라고 했다. 산모의 가슴을 찢어지게 하고 두 번 울리는 일이었다. 대학병원에서 어떻게 이런 일이 있을 수 있는지 가늠하기 힘들었다. 또다시 닷새 입원을 더 해 보름 동안 병원 신세를 졌다. 병원 측에서는 미안하다는 말 한마디 없었다. 거대 집단은 커다란 바위다. 소시민의 억울함은 주먹으로 바위치기다. 그냥 삭였다.

　인큐베이터 속에서 기계의 힘을 빌려 세상에 나왔다. 이렇게 애간장 녹이던 녀석이 내년이면 고등학교에 진학한다. 키는 할미를 따라잡고 옷은 어미 것을 입는다. 그동안 우여곡절이야 어떻게 없을 수 있을까마는 어엿한 교복 입은 모습을 보니 흐뭇하고 미덥다. 이제는 어미가 없을 때는 동생까지 챙기는 엄마의 조력자로 성장했다. 무탈하게 자라줘서 고맙고 자랑스럽다.

　"사랑한다. 우리 정원이."

수상작

사양정사泗陽精舍
충효의 고장 영천
학생 선생님

사양정사 泗陽精舍

광주리 가득 대나무와 소나무를 담았다. 사수동의 북쪽은 백두대간에서 뻗어 온 팔공산 자락이 주춤거리며 에두르고 있다. 남으로는 대구의 젖줄인 금호강이 휘돌아 흐르고 강 건너에는 와룡산이 자리하고 있다. 탐욕적인 인간 삶의 배설물을 다 받아주고 옥토를 만들어 주면서 낙동강으로 흘러들던 곳이다. 본래 이 마을은 금호강변의 넓은 평야 지대였다. 금호지구 택지개발 이전에는 마을 입구에 마치 광주리를 엎어 놓은 형태의 둥그런 숲이 하나 있었다.

원래 이곳은 '안마을' '샛터' '장기터'로 나누어졌었다. 동래 정씨, 창원 황씨, 순천 박씨, 청주 한씨, 문화 류씨의 집성촌으로 자작일촌을 이루며 세거하던 자리다. 이 마을은 금호강과 이 강의 지류가 흘러 들어와 장마 때는 침수되기 일쑤였다. 이곳에 만년의 한강 정구 선생이 고향인 성주를 떠나 터를 잡았다. 선생이 이곳으로 거처를 옮길 때 지명은 사빈沙濱이었다. 이거하면서 동네 이름을 사수泗水로 바꾸었다.

사수는 중국 공자孔子의 고향인 산둥성 취푸[曲阜]를 흐르는 강의 이름으로, 유교의 본향을 상징한다. 한강 선생은 마을 이름을 사수로 바꿈으로써 이곳을 유교적 이상향으로 만들고자 하는 의지를 표현하였다.

마을 초입이 둥그런 숲이었다. 두꺼비 숲이라고도 불리던 '섬뫼숲'이다. 이 숲은 택지개발에 밀려 대부분이 헐려 나갔다. 하늘 높은 줄 모르고 치솟는 아파트가 그 자리를 대신하고 있다. 땅은 시멘트로 떡칠을 해 사람도 땅도 제대로 숨을 쉴 수가 없다. 여기에 숨통을 틔우는 아담한 공간이 있다. 나무를 심고 꽃도 심었다. 물길을 내고 다리도 놓고 위락시설을 만들었다. '한강 근린공원'이다. 겨우 조금 남겨진 둔덕을 중심으로 조성된 이 공원은 '한강 정구' 선생의 호를 따 이름 지었다. 그 우듬지에 '사양정사泗陽精舍'가 있다.

바람 한 점 없는 날이다. 뙤약볕이 정수리에 부젓가락을 꽂는 듯한 7월 염천, 농익은 햇살이 살갗에 감겨 물기 머금은 공기가 온몸을 꿉꿉하게 적신다. 소나무는 세월의 무게를 떨어뜨리려 곁가지는 다 쳐내고 키만 건드렁하게 높이 솟아 있다. 나무 꼭대기에 엉성하게 남아 있는 솔잎 사이로 숨어든 햇살에 잎은 숨 쉴 기운조차 없어 보였다. 정사 뒤, 대나무는 푸르름을 잃고 누렇게 떠 그 기개를 잃었다. 금방이라도 석류껍질이 벌어지듯 쩌억 몸통을 갈라 아픈 속살을 드러낼 것만 같다. 세모의 빈 들녘에 긴 그림자를 드리우고 혼자 서 있는 나무처럼 처연했다. 시름시름 말라가고 있는 것 같은 누른 왕대 사이를 할퀴고 지나가는 바람 소리가 우매한 후손을 나무라는 듯하다. 하늘을 가르는 푸른 잎의 날을 세워 바람을 삼키던 대쪽 같았던 한강 선생의 기상은 뿌리로 잦아들어 새싹을 틔우려 웅비하고 계시려니.

그 중앙에 있는 전각이 사양정사다. 사방이 툭 트인 누정 형태로 널찍이 자리 잡고 있다. 화재로부터 보호하기 위해 일부러 변형해서 지었다고 한다. 한강은 배움에 목마른 단 한 사람이라도 더 갈증을 해소해 주기 위해 벽도 문도 다 허무셨다. 선생은 여러 관직을 두루 거친다. 대사헌으로 있을 때 직을 사직하고 고향으로 낙향한다. 그 후 다시 칠곡 노곡정사로 거처를 옮긴다. 벼슬길의 우여곡절을 어찌 다 논할 수 있으며 그 부침을 어떻게 다 말할 수 있으리오. 선생의 일생은 평탄하지 않았다. 이곳에서의 큰 화재로 집은 물론 평생에 걸쳐 저술한 만권 서책이 한 줌 재가 되었다.

"하늘이 나를 버린다."

선생의 탄식하는 소리에 많은 제자의 가슴도 찢어졌으리라.

그해 그는 72세 노구를 이끌고 이곳 사수동으로 거처를 옮긴다. 선생은 실천하는 예를 강조하셨다. 21세기, 무너지는 도덕과 예를 안타까워하는 선생의 모습이 겹치는 것은 현대를 사는 우리의 모습이 반추돼서인가.

사양정사를 짓고 강학을 시작했다. 대구 선비들은 사수에 터를 잡기 전부터 성주의 선생 문하에 출입하고 있었다. 대구로 거처를 옮겨 강론을 시작하니 그때부터 대구의 문풍은 눈에 띄게 일어났다. 한강의 학문적 영향력이 대구 성리학계의 사상적 풍토를 결정지었다. 현재 대구에 세거하고 있는 문중 대부분은 선생의 학문에 영향을 받은 것으로 봐야 할 것이다.

한강 선생은 흔들림 없는 삶을 살아간 선비의 표본이다. 시대의 소용돌이를 온몸으로 겪으면서도 진정한 지식인으로서의 내면적 수양과 사회적 실천에 온몸으로 부딪히며 후학을 기르고 저술에 힘썼다. 선생은 퇴계 이황으로부터 인仁을 배우고, 남명 조식으로부터는 의義를 익혔다. 퇴계, 남명 이후 영남을 넘어 조선 유학의 대통을 잇는 대표적인 선비다. 또한 선생의 대표작인 『오선생예설분류』는 중국 송대 여러 유학자의 예설을 모아 관혼상제와 잡례 등을 분류한 책이다. 예의 중요성을 일깨우고 가정과 사회 국가에 이르기까지 예를 통해 도덕을 바로 세우고자 힘쓰시면서 저술했다.

사양정사는 한강 선생이 사수에 자리 잡고 6년에 걸쳐 많은 저서를 남긴 곳이다. 그중 『오복연혁도五服沿革圖』는 선생의 춘추

75세 때 이룩하셨다. 이 책에는 복제服制에 관한 내용이 수록되어 있다. 복제는 죽은 사람에 대하여 그 촌수에 따라 복을 입는 제도다. 그 당시 이 책은 관이나 민의 상례 표본이 되었다. 조선 성리학의 대가인 선생은 생애의 만년을 강학과 저술로 보내고 이곳 사양정사 지경제持敬齋에서 운명하셨다. 그의 유지를 받들어 훌륭한 후학을 길러내야 할 의무는 오늘을 사는 우리의 몫이리라. 선생의 학풍을 디딤돌 삼아 대구 성리학의 심층적 연구가 이어지기를 기대한다.

  볕발이 따갑다. 광주리 가득 담긴 듯 소나무와 대나무가 우거져 시원해진 사양정사에 올랐다. 소나무는 씨를 뿌리고, 대나무는 뿌리를 뻗어 선비의 지조와 절개가 만방에 떨치는 날이 오기를 소망한다. 죽은 등걸에서 새순이 돋듯 한강 선생의 맥을 이어 대구의 문풍이 왕성해지기를 바라는 마음으로 두 손을 모은다.

(2020년 '제3회 팔거백일장' 일반부 산문 부문 대상 수상작)

충효의 고장 영천

영천은 충효의 고장이다. 최무선, 정몽주, 박인로 세 분은 '삼선현'으로 불린다. 최무선과학관에서 나라의 미래가 달린 기초과학의 중요성을 배우고, 임고서원에서 충과 의를 익히자. 또 노계문학관에서는 우국충절과 효와 문학을 동시에 둘러보자. 그 외에도 능으로 불리는 광주 이씨 시조 묘인 광릉이 있다. 또 지구상에 단 하나뿐인 시총詩塚도 있다. 선현의 발자취 따라 역사를 배우고 익혀 마음자리 다듬을 곳이 여기에 있다.

최무선과학관이다. 한창 공부하는 아이들에게는 호기심을 충족시키기 좋은 곳이다. 최무선은 왜구의 끊임없는 노략질로 고통받는 백성을 구하기 위해 무기를 만들어야겠다고 다짐한다. 중국으로부터 얻은 화약 제조법을 여러 번 실험 끝에 여러 종류의 신무기를 개발한다. 2층 전시실에는 그의 업적과 많은 자료가 전시되어 있다. 눈으로 보고 손으로 만들고 게임도 할 수 있어 학생들에게 많은 도움이 될 공간으로 자리매김하고 있다.

우리나라 과학의 힘은 그 역사가 깊다. 화약과 화포를 개발한 고려의 최무선으로부터 조선 세종의 한글 창제, 장영실의 해시계 물시계, 앙부일구 자격루까지 유구한 전통을 가졌다. 한글은 세계적으로 그 가치를 인정받아 유네스코 세계기록 유산으로 등재되었다. 지금은 무기 수출국으로 위상을 높이고 있다. 미래는 과학이다. 사람을 죽이는 기술이 아니라 문화 강국으로 세계를 제패하는 날을 기대해 본다. BTS는 음악으로 이미 세계를 제패했다. 미국 할리우드 전유물 같던 영화에서도 두각을 나타내고 있다. '고요한 아침의 나라'에서 아침의 태양이 세계만방을 비추는 나라로 우뚝 설 수 있도록 우리 모두 노력할지어다. '꿈은 이루어진다.'고 했다. 젊은이여! 야망을 가져라.

임고서원이다. 이곳에는 충절의 대명사 포은 정몽주를 배향하고 있다. 경내는 '임고서원'만이 옛 모습을 간직하고 있다. 새로 세운 여러 건물은 아늑하고 절묘한 배치로 호쾌하다. '포은유물관'에는 선생의 사상과 학문 등을 일목요연하게 정리해 놓았다. 굽힐 줄 모르는 강직한 성품은 결국 꺾이고 말았다. 사우祠宇인 문충사에는 포은의 위패가 봉안되어 있으며, 존영각에는 영정이 소장되어 있다.

선죽교 모형도 있다. 역사의 현장을 현세에 남겨 과거를 봄으로 미래를 짐작하게 해 놓았다. 수백 년 동안 비바람에 씻겨도 혈흔이 남아 있다는 개성의 선죽교를 실측하여 똑같은 크기와 모양으로 만들었다고 한다. 크기는 마음에 그리던 것보다 크지 않았지만, 한석봉이 쓴 글씨를 탁본했다는 '善竹橋'는 아주 선명했다. 다리를 건너보았다. 그냥 돌에 지나지 않으련만 가슴이 서늘해져 옴은 어인 연고인가. 충신열사는 가고 없어도 그 이름을 새김으로 후세가 나아갈 길의 좌표로 삼아야 하리라.

노계문학관이다. 지은 지 오래되지 않은 건물은 깨끗했다. 건물 내부는 선생의 생애를 한눈에 알아볼 수 있도록 잘 꾸며져 있다. 노계 박인로 선생은 송강 정철, 고산 윤선도와 더불어 조선 3대 가사 문학의 시성으로 추앙받는다. 문학 하는 사람이라면 해마다 '노계문학전국백일장'도 개최하니 자주 들러 선생의 시상에 젖어보면 어떨지 고민해 볼 만한 곳이다. 지난해 입상자들로 꾸며진 책도 한 권씩 가져갈 수 있게 놓여 있었다. 다만 도심지와 약간 떨어진 곳이라 찾는 사람이 많지 않은 것 같아 아쉬움이 많았다.

노계 선생의 작품 중에 「조홍시가」가 있다. 워낙 유명한 작품이라 가장 많이 알려지고 읽힌다.

> 반중盤中 조홍早紅감이 고와도 보이나다
> 유자柚子 아니라도 품음직하다마는
> 품어가 반길 이 없을 새 그로 설워하나이다

「조홍시가」의 제1수다. 도체찰사 이덕형이 보내온 감을 보고 지은 시다. 홍시를 품고 가도 드실 부모님이 안 계시는 슬픔을 시로 읊었다.

홍시를 좋아하셨던 내 어머니, 늦가을 감이 무르익을 때면 묘제다. 다른 제수보다 더 풍성하게 준비해 가지만 다 후손들 차지다. 살아생전 실컷 사드리지 못한 죄스러움만 더할 뿐 소용없는 일이다. 눈으로 보시려나, 향기로 맡으시려나, 줄어들 줄 모르는 그것으로 가슴만 더욱 아릴 뿐이다.

노계 선생은 무과에 급제한다. 하지만 그는 항상 지필묵을 지니고 다녔다. 임진왜란 당시 전쟁터에서도 가사를 지으셨다. '선상탄船上歎'이다. 우국충정의 의지와 시름에 시달리는 백성들이 안정을 찾지 못하는 서러움을 노래했다. 병들고 늦은 나이라 천하를 평정할 수 없는 안타까움 속에서도 무인다운 기백이 엿보이는 시다. 이런 큰 인물이 우리 가까이 있으니 가끔 찾아 허기진 내 일상의 언저리에 자양분을 쌓는 계기가 되길 바라는 마음 한가득 담아본다.

노계문학관 조금 위에는 도계서원이 있다. 옆으로 난 길을 조금만 올라가면 연못이 있고 그 못 오른쪽 가장자리에 위치한다. 서원 옆에는 배롱나무가 있다. 몸뚱어리는 알몸으로 서 있고 꽃은 아직이고 무성한 잎만이 그 옛날의 영화를 그리는 듯 보였다.

문은 잠겨 있고 사위는 고요했다. 세월을 껴안은 담장은 무엇을 감추고 있는지 높기만 하였다. 문틈으로 비집어본 그곳은 잠들어 있었다. 선생을 배향하는 위패가 모셔져 있는 입덕묘는 서당에 가려 볼 수 없고, 유생들이 앉아 경전을 읽었을 마룻바닥에는 먼지만이 쌓여 있었다. 후세의 손길이 많이 필요한 것 같았다. 현세를 사는 우리에게 인간 본질이 무엇인지를 일깨우는 이정표가 되었으면 하고 희망을 품어 보는 시간이었다.

다음으로 찾은 곳은 광릉이다. 광주 이씨 시조 묘다. 솔숲에서 이는 소소한 솔바람 소리가 능을 적시고 있었다. 무성한 소나무의 기상이 늠름했다. 멀리서 바라본 이곳은 뒤로는 푸른 솔이 병풍석을 두르듯이 서 있고 앞으로는 잘 다듬어진 잔디가 눈을 편안하게 했다. 그 가운데 봉분이 자리하고 있다. 윗단에는 문인석이 양쪽에 1기씩 세워져 있으며, 아랫단에는 석등과 향등이 있다. 여느 사가私家의 묘와 달리 터가 아주 넓다. 이곳은 왕의 무덤도 아니면서 '능'이라 불린다. 잘 다듬어진 묘가 '능'이라 해도 손색없어 보였다.

이 '능'에 대한 일화는 아주 특별하다. 광릉은 고려말 광주 이씨 이집과 영천 최씨 최원도의 신의와 우정이 깃든 곳이다. 최원도는 고려 말 어지러운 세상을 등지고 고향 영천으로 내려왔다. 이집 또한 정사를 멀리하고 둔촌동 집에 은거했다. 그러나 남아대장부로서 보고만 있을 수는 없는 일, 난세를 바로잡아 보자는 모의를 꾀하다 발각된다. 세상은 정의 편에만 있는 것이 아니다. 실패한 정변은 역적이 된다. 삼족(친가, 외가, 처가)을 멸하는 패가망신하는 일이다. 그러나 그 어려운 일을 누군가가 함으로써 세상은 발전하고 변화하는 것이리라.

이집은 늙고 병든 아버지를 모시고 영천으로 향한다. 그곳에는 최원도가 있다. 몇 달 걸려 도착한 친구의 집에서는 마침 생일잔치가 한껏 무르익고 있었다. 이집은 사랑채 툇마루에 걸터앉아 집의 분위기를 살폈다. 조금 있으니까, 최원도가 찾아왔다. 반가운 마음에 그의 손을 얼른 잡으려 하자,

"이 사람, 여기가 어디라고 왔단 말인가? 썩 물러가게."

"여봐라, 이 자를 당장 동구 밖으로 내쫓아라."

최원도는 불같이 화를 냈다. 그러고는 이집이 앉았던 자리를 불태워버렸다. 까딱 잘못하다가는 두 가문이 멸문지화를 당하게 될 일인 것이다. 상대의 속마음을 읽을 수 있는 것은 그간의 신의일 것이다. 이집은 몸을 숨겼다. 밤이 되었다.

"여보게 미안하네. 어서 집으로 가세."

이로써 이집은 최원도의 다락방에 숨어 살게 된다.

최원도의 집에는 제비라는 여종이 있었다.

"밥은 고봉으로 수북이 눌러 담고 반찬도 넉넉히 담아 내오너라."

제비는 평상시와 달리 식사량이 늘어난 주인 나리가 이상했

다. 궁금한 것은 참을 수 없었다. 어느 날 상을 들이고 문틈으로 안을 훔쳐보았다.

"앗!"

하마터면 비명을 지를 뻔했다. 겁이 나고 섬뜩했다. 밥상이 들어가자, 다락에서 두 남자가 나왔다. 행색이 이루 말할 수 없이 남루했지만, 양반의 귀태는 어딘가 모르게 엿보였다. 식은땀이 배어나는 마주 잡은 손을 가슴에 대고 자리를 떴다.

제비는 고민에 빠졌다. 혼자 알고 있기에는 너무 벅찬 일이었다. 안방마님 귀에 대고 속삭였다. 비밀은 곱으로 늘었다. 소문에는 날개가 있다. 안방마님은 혀를 잘라 벙어리가 되고 제비는 결국 스스로 목숨을 끊는다. 생명은 하늘로부터 부여받는다. 종이라고 부모가 없을 리 없고 형제자매가 없을 리 없다. 그 소중한 목숨을 새파란 나이에 주인을 위해 끊었다. 그렇게 해서 영원히 입을 다물었다.

최원도 부부는 제비를 남몰래 묻어 주었다. 뒤에 이 사실을 알게 된 이집의 후손들이 '연아총燕娥塚'이라고 비를 세우고 지금도 묘제 때가 되면 그의 묘에도 제사를 지낸다고 한다. 명문가의 자제로 태어나 우국충정으로 자결하면 충신열사가 된다. 이와 비교하여 무엇이 못하다고 할 수 있으랴. 양반이 되지 못한 한을 지금도 안고 있으려나. 연아가 잠든 묘에는 6월의 햇살이 싸리비처럼 잔디를 쓰다듬고 있었다. 죽은 자는 말이 없다.

이집의 아버지 이당이 숨을 거둔다. 연아가 죽고 얼마 지나지 않아서였다. 최원도는 자기 수의를 입혀 염을 하고 어머니 묘 아래에 자리를 내주었다. 광주 이씨 시조 묘 광릉이 바로 이곳이다. 생사를 뛰어넘는 두 사람의 우정은 그들의 후손뿐 아니라 오늘을 살아가는 우리에게도 전하는 메시지가 엄청나게 크다. 자신의 안위를 무릅쓰고 어려움에 부닥친 친구를 숨겨줄 사람이 과연 있기나 하려나. 옛 선현의 정과 의를 본받기에는 현실의 삶이 너무 힘들고 메마르다고 핑계를 대본다.

칠곡 왜관에 '매원마을'이 있다. 광주 이씨 집성촌이다. 경주 양동마을, 안동 하회마을과 함께 오백 년 역사와 전통을 가진 유서 깊은 조선시대 3대 양반 마을이다. 6·25 한국전쟁 당시에는 인민군 사령부가 이곳에 진주해 있었다. 이로 인해 '국가등록문화재'로 등재되는 데 어려움이 많았다고 한다. 현재는 60여 채의 한옥들이 남아 있지만 한창 번성했을 때는 400여 채의 가옥이 있었다. 이 가문은 10여 명의 독립운동가를 배출했다. 우국충정의 기백을 조상으로부터 물려받아 명문가로서의 소명을 다함으로 현재까지 그 위상을 이어오고 있다.

영천에는 시총詩塚이 있다. 시의 무덤이다. 세계에 유례가 없는 일이다. 이 무덤은 백암 정의번의 묘이다. 백암은 임진왜란 때 의병으로 활약하다 장렬히 전사한다. 왜병은 겉껍질만 남겨두고 속 알갱이는 송두리째 앗아갔다. 그들이 훑고 지나간 자리는 사람도 땅도 다 초토화되었다. 정의번의 아버지 정세아는 임진왜란 당시 왜군에게 빼앗긴 영천성을 되찾는 전과를 올린다. 이것은 한양으로 진군하려는 적군의 보급로를 차단하는 전세를 뒤집는 큰 역할이었다. 큰 전공을 세운 그는 적에게 함락된 경주성 탈환에 아들 정의번과 함께 참전한다.

두 사람은 적군에게 포위당한다. 정의번은 말을 잃어버린 아버지에게 자신의 말을 준다. 치열한 혼전 중 부친은 탈출에 성공한다. 하지만 그는 결국 전사한다. 장렬한 죽음이었다. 분노의 눈물 없이는 읽을 수 없는 피의 역사다. 강자의 손에 쓰러져 깨어지고 갈가리 찢긴 약소민족의 슬픈 과거사다. 국력이 얼마나 소중한가를 보여주는 한 단면이다. 결단코 전쟁은 없어야 한다.

정세아는 통곡한다. 산천초목인들 흐느끼지 않을 수 있었으랴. 자신을 구하고 죽은 아들의 주검도 찾지 못했다. 그는 전장에서 싸늘하게 식어 연기처럼 산화했을 혼을 부른다. 집에 있는 의관을 챙겨 빈소를 만들었다. 그러자 원근의 친구들이 고인을 애도하는 만시를 보내왔다. 이 물품들을 관에 넣고 무덤을 만들어 장례를 치른다. 이것이 시총이다. 피로 얼룩진 전쟁으로 인한 증오를 안고 있는 주검 없는 무덤은 무수한 무언의 교훈을 오늘날 우리에게 던진다.

어릴 때 장례 행렬이 떠올랐다. 꽃으로 장식한 상여 앞에 선 상두꾼의 선창은 주변 사람들의 눈물샘을 자극했다. 뒤이어 상여꾼들의 후렴에 따라 상여는 앞으로 나아갔다. 그 뒤로 상주가 따르고 상주 뒤에는 만장이 길게 이어졌다. 이 만장 행렬의 길이에 따라 죽은 이의 생전 삶을 미루어 알 수 있었다. 부와 권력을 가졌던 사람들의 행렬은 끝없이 이어졌다. 정의번의 만장 행렬은 얼마나 길었으려나. 아버지의 애끓는 마음이 그것에 녹아들어 바람결에 흐느끼며 따랐으리라. 그의 혼은 육신을 찾지 못한 채 이렇게 땅에 묻혔다.

정의번에게는 '억수'라는 노비가 있었다. 그도 주인을 따라 전쟁에 참전했다.

"너는 집으로 돌아가 남아 있는 가족을 돌보거라."

"종과 주인의 관계는 군신과 부자의 관계와 다를 것이 없습니다."

농사일로 다져진 몸이다. 그는 낱낱 인간의 힘이 모여 큰 힘이 되는 데 한몫하여 주인을 보필하고자 했다. 그들은 주종관계를 넘어 서로의 등을 대고 하나의 꿈을 꾸었다. 억수는 전사한다. 시총 아래에는 억수의 무덤이 있다. '충노억수지묘'라는 묘비가 그의 넋을 달래고 있다. '제비'나 '억수'나 다 노비다. 그러나 그들은 반상을 떠나 그저 한 사람의 올곧은 인격의 소유자일 뿐이다. 우리 민족은 억새풀처럼 끈질기고 강하다. 그래서 오늘의 대한민국을 이뤄냈다.

영천을 한 바퀴 돌았다. 볼 것도 많고 배우고 익힐 것도 많다.

이외에도 숨은 볼거리가 또 얼마나 많으랴. 등잔 밑이 어둡다는 말이 있다. 훌륭한 문화유산을 지척에 두고 먼 길을 돌지나 않았는지 되돌아볼 일이다. 올해로 두 번째 기행이다. 앞으로 또 어떤 숨은 곳이 나를 설레게 할지 기대된다.

(2024년 '경북 이야기 보따리 수기 공모전' 입선 수상작)

도계서원(영천시 북안면 도천리)   임고서원(영천시 임고면 양항리)

광주이씨廣州李氏 이당李唐 시조始祖묘(영천시 북안면 도유리)

학생 선생님

추색이 완연했다. 도계서원은 안빈낙도安貧樂道의 삶을 사신 주인을 닮아 작지만 의연했다. 앞 연못에는 청둥오리 몇 마리가 한가롭게 노닐고 있다. 못 둑 아래 감나무에는 가을볕이 머문 몇 안 되는 감이 붉다. 나무 아래 입을 크게 벌리고 누워 옥빛 하늘도 홍시도 맘껏 들이켜고 싶은 날, 노계 선생의 「조홍시가」를 떠올리니 연시를 좋아하시던 어머니가 생각났다. 마음 놓고 드실 수 있도록 한 번도 넉넉히 사드리지 못한 그 감이 못내 내 가슴을 아프게 저민다.

가난은 가혹한 형벌이 되어 가시처럼 따갑게 찔러 댔다. 그것은 폐가를 지키는 늙은 구렁이처럼 똬리를 틀고 앉아 우리 집을 떠날 줄 몰랐다. 취학 적령기가 되어도 학교는 나하고 무관했다. 그러다 남들은 중학교 들어갈 나이인 열세 살이 되어서야 국민학교 4학년에 입학하고 우여곡절 끝에 졸업했다. 중학교는 아예 엄두도 내지 못했다. 6학년 담임 선생님이 아버지를 찾아오셨다.

"이제는 여자도 배워야 합니다. 공부를 잘하니 장학금을 받을 수 있을 겁니다. 진학시키도록 하십시오."

그때 선생님의 말씀은 거역 못 할 위엄이 있었다. 이렇게 해서 시작된 중학교는 눈물의 3년이었다. 3학년 때다. 지도부장이 되었다. 그 위치는 학생들의 교육 활동에 지장이 없도록 살피는 자리다. 가정 시간이었다. 잠옷을 만든다고 했다. 천이 있을 리 없다. 지금은 옷도 천지고 천은 지천이다. 수업 때마다 그 자리를 어떻게 모면했는지 모른다. 반 애들의 학습 물품을 챙겨야 하는 위치에 있는 몸이 자신의 것도 마련하지 못하면서 어떻게 남이 준비 못 한 것을 탓할 수 있으랴. 어물쩍 둘러대는 것도 한두 번이지 옆 짝꿍 것을 만지작거리며 그 긴 시간을 보내는 데 진이 다 빠졌다. 시린 서러움이 한겨울 응달진 곳에 내팽개쳐진 빨래처럼 빳빳하게 얼어붙었다. 그래도 그때까지는 참고 견딜 만했다.

가정 선생님은 나름 잘 봐주셨다. 지지리 가난하고 예쁘지도 않았지만, 공부는 그런대로 잘하고 착하게 보여서 그랬나 보다. 미운털이라도 박혔으면 그나마 조금이라도 덜 미안하련만, 모범 학생이라고 생각하시는데 학습 도구를 제대로 챙기지 않은 꼴이라니. 다 만든 잠옷을 하나 하나 검사를 마치고 돌려주는 시간이었다. 앞에서 번호를 호명해가며 만든 옷에 점수를 매겨 나누어 주셨다. 한 명씩 줄어들 때마다 가슴은 콩닥거리고 살얼음 위에 선 것처럼 떨려 안절부절못했다. 책상 위에 펼쳐진 노트에는 얼룩진 눈물 자국이 그동안의 서러움을 말해 주었다. 시시각각으로 다가오는 가슴을 옥죄는 듯한 끔찍한 고통의 시간, 그 시간 어떻게 뛰쳐나가지 않고 견디어 냈는지, 온몸이 오그라져 내리는 아픔이었다. 내 차례가 되었다.

"인형 옷이라도 하나 만들었으면 점수를 줄 수 있을 텐데."

선생님의 말씀은 나를 더욱 비참하게 했다. 뱉어내지 못한 가래처럼 응어리진 가슴은 불타는 노을빛에도 시렸다. 떨군 고개는 들지 못하고 손에는 진땀이 배어 나왔다. 토해내지 못한 채 참고 있던 서러움은 청솔가지 태웠을 때의 연기처럼 맵고 자욱해 눈을 뜰 수 없었다. 이것으로 나의 학창 시절은 끝이 났다. 자식 공부 못 시켜 아픈 어머니 마음을 다치게 할 수는 없었다. 아무 말도 입 밖에 내지 않았다. 배우지 못했다는 근원적인 아픔이 질기게 가슴 밑바닥에 눌어붙어 일평생 나의 기를 죽였다.

결혼하고 삼 남매를 두었다. 어떤 일에나 남편과 아이들이 우선이었다. 나의 성장을 위해 내 시간을 갖는다는 것은 오만이었다. 자녀들이 다 성장해 결혼하자 손주들 육아를 도와야 했다. 10년 세월이 훌쩍 흘렀다. 그러다 보니 내 나이도 어느덧 일흔이 넘었다.

2016년 초 어느 날이다. 지방방송 '아침마당' 시간이었다. 50은 훨씬 넘었을 것으로 보이는 부부가 출연했다.

"대학을 졸업하고 야학에서 봉사하는 것이 꿈입니다."

야학에서 공부해 검정고시에 합격하고 올해 대학에 입학한다고 했다. 귀가 번쩍 뜨였다. '저런 길도 있구나.' 집 가까이에는 없었다. 교통이 편리한 곳을 찾아 등록했다.

S야학은 시장 생선 상가 이층이다. 신발 바닥에 묻어온 비린내로 찌든 허름한 계단을 올랐다. 삐걱거리는 현관문을 열었다. 바로 교무실이었다. 낡은 철재 캐비닛에는 쌓아 놓은 교재가 무게에 못 이겨 금방이라도 쏟아질 듯 위태롭게 쌓여 있었다. 책상이며 탁자도 오래돼 보였다. 모든 게 낯설고 어설퍼 보였다. 하지만 그곳에는 싱싱한 젊음이 넘쳐났다. 선생님들은 봉사 정신으로 똘똘 뭉친 대학생들이다. 아들딸보다 한참 어린 손자뻘이었다. 70대 학생에 20대 선생님의 첫 대면이다. 나같이 나이 많은 사람은 없었다. 거의 50대에서 60대 초반이 대부분이었다. 학교를 졸업한 지 53년, 까맣게 잃어버렸을 반백 년의 세월이다. 대못도 들어가지 않을 만큼 단단한 아파트 벽처럼 내 머리도 굳어버렸지만, 모험과 도전에는 커트라인이 없다고 우기며 스스로 최면을 걸었다.

기초학력 테스트를 한다고 했다. 가슴이 방망이질 쳤다. 영어와 수학 각 다섯 문제였다. 영어는 겨우 한 문제 맞히고 수학은 빵점이었다. 중학 과정을 좀 더 배우고 고등과정을 하면 어떻겠냐고 물었더니 일단 한번 해보자고 하신다. 이렇게 해서 2016년 5월 16일에 이 야학에 입학하고 고등학교 과정을 공부하기 시작했다.

선생님들의 열정은 대단했다. 조립식 건물 지붕의 열기는 교실을 한증탕으로 만들었다. 에어컨은 아예 없었다. 낡은 선풍기 한 대가 고작이다. 검정고시는 일 년에 두 번 친다. 4월과 8월이다.

8월 시험에 대비해 선생님들은 휴일도 반납하고 흐르는 땀을 옷소매로 훔치며 열과 성을 다했다. 원서 접수 때가 되었다.

"저는 내년 4월에나 응시해 보겠습니다."

"어머니, 괜찮아요. 그냥 경험 삼아 한 번 쳐 보세요."

우리는 모두 어머니였다. 선생님은 든든한 아들이었다. 8월 2일 시험 날이 되었다. 아침 일찍부터 고사장에 현수막을 걸고 응원의 메시지를 보냈다. 한 교시가 끝날 때마다 밖에서 초조하게 기다리시다 채점하기에 바쁘셨다. 고시가 끝나면 합격 불합격을 거의 알 수 있었다. 12명 응시에 11명 합격이라는 좋은 성적을 냈다. 정식 합격자 발표날이 되었다.

"어머니 합격이에요. 축하드려요."

선생님의 목소리는 기쁨으로 한껏 들떠 있었다. 꿈이 아니었다. 평생을 고등학교 졸업 못 한 한을 푸는 날이었다. 두 눈에서 흐르는 눈물이 선생님의 잡은 손을 흥건히 적셔도 닦을 줄 몰랐다. 이렇게 해서 고등학교 졸업 학력자가 되었다.

고등학교 졸업 자격증을 받았다. 새로운 꿈을 향해 나아가고 싶은 충동이 생겼다. 대학에 진학할 것이라고 아는 사람을 대할 때마다 얘기했다. 스스로 다짐하는 말로 나를 다졌다.

2017년 3월에 한국방송통신대학교 문화교양학과에 입학했다. 첫 MT 때다. 신입생과 선후배 동문이 모여 후배들에게 동기부여를 하는 자리다. 일흔이 넘은 학생은 나 하나뿐이었다. 어떻게 4년을 무사히 마치고 저 동문 자리에 설 날이 올 수 있을까, 부럽고 기대도 되었지만 걱정이 태산이었다. 하지만 4년 내내 등록금 한 번 내지 않고 장학생으로 대학생활을 마쳤다.

나는 70대를 보통 사람의 10대와 20대처럼 살고 있다. 이 모든 행운은 야학의 선생님들 덕이다. 빛바랜 사진처럼 남루한 지난날, 지워버리고 싶을 때도 있었지만, 지금은 내 삶에 보람을 주는 밑천이다.

국민학교와 중학교 때 두 분 선생님도 고마운 분들이다. 하지만 교사 자격증도 없는 야학 선생님들이 나에게는 진정으로 존경하는 스승이시다. 보수도 없이 자기 부모를 대하듯 늙은 학생을 지극 정성을 다해 가르쳐 주신 은혜는 그 무엇으로도 갚을 길이 없다. 지금도 야학에 행사가 있을 때는 초대해 주셔서 같이 즐긴다. 아직 몸담고 계신 선생님도 계시고 각자의 길을 따라 사회에 나가신 분도 계신다.

"선생님, 사랑하고 존경합니다."

대학을 졸업한 지금은 글쓰기 공부에 열정을 쏟아붓고 있다. 공모전에도 기웃거리고 여든에는 수필집 하나 내는 목표도 가슴에 새겼다.

꿈은 꾸는 자의 것이다. 나는 오늘도 꿈꾼다.

노계 선생은 청빈한 생활에서 오는 고단한 삶도 즐기시고, 성경충효誠敬忠孝를 평생 좌우명으로 삼아 자성의 삶을 산 선현이시다. 이 가을 도계서원 방문은 얼마 남지 않은 내 삶의 방향에 중요한 계기가 될 것 같다. 된서리가 곧 내릴 것이다. 감이 다 떨어지기 전에 홍시를 한 바구니 가득 담아 어머니와 선생님들을 뵈러 가야겠다.

(2022년 '노계문학 전국백일장' 대상 수상작)

| 발문 |

진선미를 담아낸 수필집
― 권순이 수필집 **「용마루」** 발간에 부쳐

장호병 | (사)한국문인협회 부이사장

| 발문 |

진선미를 담아낸 수필집
— 권순이 수필집 『용마루』 발간에 부쳐

장호병 | (사)한국문인협회 부이사장

　죽림 권순이 수필가의 첫 수필집 『용마루』 상재를 마음 모아 축하드린다. 바느질 한 땀 한 땀이 모여 천의무봉의 옷이 탄생하듯 작품집에도 적지 않은 시간과의 사투가 있었고 무엇보다 혼을 쏟아 넣는 각고의 노력이 뒤따랐다.
　수필집에는 작가의 삶이 투영되고, 그 문학은 작가의 삶에 영향을 주는 선순환구조가 반복된다.
　몽테뉴(佛)는 『Les Essais』의 서문에서 "여기, 내 생긴 그대로, 자연스럽고 평범한 꾸밈없는, 별것 아닌 나를 보아주기 바란다… 내가 묘사하는 것은 나 자신이다."고 밝혔다. 상허 이태준은 『문장강화』에서 "수필은 자기의 심적 나상"이라고 말했다. 권순이 작가가 그들보다 좀 더 일찍 책을 냈더라면 그가 먼저 그렇게 말했을지도 모른다. 수필에는 작가의 삶이 투영된다는 이야기다.

□ 들어가는 말

 부혜생아父兮生我 모혜국아母兮鞠我라 했던가. '나'라는 존재는 부모로부터 신체를 얻음으로써 시작된다. 홀로 있을 때, 어느 한 시점에서는 내가 어떤 사람인지 제대로 알 수 없다. 다른 사람들과의 관계 속에서 그리고 시간의 흐름 속에서 '나'는 확연히 드러난다. 어버이로부터 얻은 '몸'은 '모음'의 준말이 아닌가. 머리카락 하나하나부터 발끝까지 눈에 보이는 낱낱의 육신은 물론 그 안에 깃든, 눈에는 보이지 않는 마음까지도 모은 것이 몸이다.
 육신은 수고로움은 피하고 지금 드러나고 있는, 계량 가능한 가성비를 좇는다. 편안하고 즐거웠던 과거의 기억을 반추한다. 반면에 마음은 더 나은 미래를 위해서라면 현재의 수고로움은 기꺼이 희생하기를 강요한다. 이처럼 과거지향의 육신과 미래지향의 마음이 공존할 수밖에 없는 '나'라는 존재는 원천적으로 이율배반의 갈등구조를 지닌다.
 작가가 무엇에 대하여 썼든 글은 곧 그의 삶이 투영된 결과이다. 그래서 뷔퐁은 "글이 곧 그 사람 자신이다."라고 말했다. 죽림 권순이 사백의 작품집 『용마루』에는 그가 어떻게 세상을 살아왔고 또 앞으로 어떻게 살아갈지를 가늠할 수 있는 지표가 녹아 있다.

그의 작품집을 일별하면서 평소 함께 공부해 온 삶과 글이 어쩜 이렇게 일치할까, 내심 놀라면서 또 반가웠다. "어떻게 다 좋고 맞을 수 있겠어요. 맞춰가며 양보하며 살아야겠지요. 특히 임자에게 나는 재주라고는 눈곱만치도 없고 솜씨도 없으니, 성에 안 차는 부분이 숱하겠지요. 하지만 어쩌겠어요. 그렇게 타고났는걸. 서로의 허물은 덮어주고 부족한 면은 채워주면서"(「작가의 말」중에서) 산다고 했다. 이 작품집이 담고 있는 내용을 한마디의 키워드로 표현하자면 '진선미'이다.

『용마루』는 작가의 첫 수필집으로 〈뿌리〉〈줄기〉〈잎〉 등 크게 3부로 나누어 수록하고 공모전 수상작을 부록처럼 싣고 있다. 앞서 말한 진선미의 개념과는 어떤 관련성을 가지고 있는지 살펴본다.

□ 진眞

내 한 몸만 생각하면 지금 몸이 시키는 대로 살면 가장 안락한 삶이 될 것이다. 이 사회 구성원 모두가 이런 생각으로 산다면 세상은 아비규환이 된다. 구성원으로서의 책임을 다하는 행동, 다른 사람과 소통하고 또 서로 다름을 존중하면서 윤리적 판단

아래서 삶을 영위하는 이타적 삶이 궁극에는 나 자신에게도 최선의 삶이란 것을 알기에 우리는 그렇게 살려고 노력한다.

몸이 시키는 대로 살 것인가, 힘들어도 꿈꾸는 세상을 만들기 위하여 마음 향하는 데로 살 것인가. 그것이 수행과정에서는 결코 쉬운 일이 아니다. 우리의 몸은 육신의 안락을 좇으려 하기 때문이다.

> 할아버지 머리가 흐트러졌다. 흩어진 옷깃을 다잡고 '속알머리'를 감추고 머리를 다듬으려 해도 몸이 말을 듣지 않는다. 병석에서도 상투를 고집하셨던 마지막 조선의 어른, 누구의 눈에도 띄지 않게 아침에 일어나시면 머리부터 만지셨던 할아버지. 그 어른에게 육신과 영혼이 따로 노는 것은 크나큰 고통이었다. 대쪽 같은 성품으로 그것은 참으로 견디기 어려운 일이었다. 쇠락하는 국운과 함께 조선 남자의 자존심은 그렇게 힘없이 무너져 내렸다. 긴 담뱃대로 놋화로 전을 치셨다. 그것은 가족 중 누구라도 대령하라는 무언의 호령이었다. 그 아련한 소리가 들릴 듯한 날이다.
> ―「소갈머리」중에서

지폐를 접어 45° 정도로 벌리고 그 위에 동전을 올린 후 이 지폐의 양쪽을 당겨 일직선을 만들면 동전은 지폐의 날 위에서 그 현상을 유지하려고 스스로 균형을 맞춘다. 이처럼 어떤 현상이 지속되려고 하는 힘을 '요셉효과'라 한다. 반면에 한번 균

형이 일그러지면 다시는 복원할 수 없는 경우를 '노아효과'라 한다. 조선의 마지막 선비 조부에게 상투는 어떤 명분으로도 양보할 수 없는 자존감이었다. 노화에 따라 엉성해가는 머리숱과 쇠락해가는 국운은 어떤 자존심으로도 회복할 수 없는 노아효과였다.

그렇다고 가장으로서 손을 놓고 있을 수도 없었다. 할아버지는 조상 대대로의 터전인 안동을 떠나 상주로 이사를 하였다. 교통시설이 열악하던 당시로서는 가재도구를 절반 이상 줄여야 하는 험난한 일이었다. 일제 말, 할아버지가 감당하셨을 격랑과 비애가 가슴에 사무치지만 손녀는, 일찍 기상하시어 가마솥 아궁이에 불을 지펴 집 안에 온기를 돌게 한 할아버지의 넉넉한 사랑, '식구 수대로 발 묻고 살을 비볐던' 구돌목을 그리워한다.

비록 뒤주에 곡식 쌓아둘 정도로 '잘사'는 삶은 아닐지라도 사람이 사람답게 사는 세상이 '잘 사'는 삶이라 여기는 권순이 수필가는 그 시절을 그리워하고 있다. 유년 시절을 보낸 고향의 대숲을 호로 삼는 데서도 그가 근원적인 삶의 원리를 터득하게 한 지점을 짐작할 수 있다.

먹는 것이 제일 무서웠다. 붉게 타던 저녁노을이 검은빛을 띠기 시작한다. 산그림자가 마당 가의 긴 감나무 그림자를 삼키고, 마당 끝까지 먹물을 풀어헤치듯이 어둠이 깔리면 일과를 벗어 놓으셨다. 등짝이 멍에처럼 휘도록 일을 해도 가세는 점점 기울어졌다. 조상 발치를 떠났다는 근원적인 아픔보다 자식 입에 넣을 게 없다는 것이 몇 곱절로 가슴을 더 옥죄었으리라. 한 사발의 탁주로 시름을 내려놓으셨던 내 할아버지, 수염 끝에 매달린 술 방울이 왜 그리도 슬프게만 느껴졌었는지.

불합리한 세상을 원망도 하셨을 것이다. 시천주侍天主, 하늘을 믿으면 평등한 세상이 온다고 했다. 그러나 보국안민輔國安民, 광제창생廣濟蒼生, 제폭구민除暴救民의 기치를 내건 '동학'은 탄압의 대상이었다. 일제는 기층 민중의 힘을 두려워했다. 낱낱 인간의 힘이 큰 힘으로 성장할까 봐 싹부터 잘라내려 날을 세웠다.

〈…중략…〉

후손이 선산先山에 모였다. 새로 조성한 묘역이 깔끔하다. 경향 각지에 흩어져 살던 손자, 손녀, 친손, 외손이 다 모이니 산이 그득하다. 조상을 한곳에 모시고 그 얼을 새기며 애도가 아니라 축제의 장을 열었다. 할아버지께서 꿈꾸셨던 미래가 이런 것은 아니었을는지. 바르게 살아가야 하는 인간의 도리를 침묵으로 훈시하고 계신 할아버지, 혼은 싸늘하게 연기 되어 사라지고 몸은 풍화되어 흙으로 돌아가신 그 세월이 어언 70여 년이다. 하지만 아직도 그 그늘 아래서 자손들이 음덕을 기리며 미래를 논하고 쉼을 갖는다.

―「용마루」 중에서

저자의 인생에서 가장 큰 영향을 준 어른은 조부였음을 알 수 있다. 이 수필집의 표제작 「용마루」에는 일제의 격랑 속에서도 가족을 향한 흔들리지 않는 인간존재의 가치와 삶의 의미가 담겨있다. 전제권력에 가까운 가부장의 옹고집과 권위는 가족들에게 지시와 복종의 봉건적 인간관계에서나 가능했다. 지극히 싫었을 법한데도 작가는 권위와 자존감을 잃지 않으려는 조부를 통해 인간에 대한 이해와 실존의 의미를 일찍이 터득한 것 같다.

죽림은 가부장 문화 속 할아버지의 권위뿐만 아니라 리더십 그리고 자기희생을 위용과 실질적 질서의 근원이 되는 지점, 용마루로 형상화하고 있다. 한 세대를 건너뛴 조부의 삶, 인내천人乃天 사상은 작가에게도 삶을 관통하는 인생관이 되었다.

  할머니는 우리 가문의 시묘살이 부처님 같은 분이셨다. 고사상에 올릴 붉은 설기를 만들기 위해 시루에 떡을 안치듯이 가슴속에 자식들을 하나같이 정성을 다해 품으셨다. 죽어서도 가문의 영광과 후손의 번창을 빌었을 할머니의 거친 손을 잡고 얼굴을 비비고 싶은 오늘이다.
  돌이킬 수 없이 허물어진 여자의 일생, 소싯적 호강은 잠시 피어올랐다 사라지는 아침 안개에 불과했음이랴. 격랑의 세월에 뭉친 먹물같이 풀리지 않는 아픔은 할머니의 피를 말리고 살을 앗아가 등걸만 남게 했다. 빈 봉분으로만 선산에 누워계신 내 할머니! 수십 성상에 육신은 흙으로 풍화되고 혼마저 산화된 지 오래리라.
  지금도 경주는 역사가 살아 꿈틀대는 곳이다. 불곡 감실할매부처님은 금방이라도 버선발로 뛰어나올 것만 같다. 이날 이때까지 그래왔듯이 앞으로도 영원히 남산을 찾는 이를 보듬고 위로해 주기 위해 말없이 이곳을 지킬 것이다.

—「시루」 중에서

집안의 큰 행사에서 빼놓을 수 없는 시루떡. 자칫 신경을 소홀히 쓰거나 부정을 타면 어김없이 탈을 냈기에 조선의 여인들은 시루떡을 안칠 때는 가슴 졸이며 정성을 모아야만 했다. 기도였으리라. 저자는 경주의 감실할매부처님을 보면서 가문의 영광과 후손 번창을 기원하면서 가족을 품었을 할머니를 오버랩한다.

본인의 호강은 고사하고, 갖은 희생으로 가족을 보듬어야 하는 그 신산한 삶이 결코 닮고 싶지는 않았을 것이다. 하고 싶지 않아도 해야 하는 인생의 우선순위를 생각하게 한다.

"국회의원에 나왔다가 떨어지기도 하는데, 사내대장부가 그까짓 것쯤 아무것도 아니다."

나는 그때 아버지 통의 크기를 처음으로 느낄 수 있었다. 꾸중 들을 각오로 기죽어 있는 오빠에게 그 말씀은 큰 울림이 되어 가슴에 박혔으리라.

우리 삼 남매의 바탕에는 아버지가 깔려 있다. 우직한 고집은 타협 모르는 외골수를 빼닮았다. 그 고집이 오빠들의 사회생활에서 승진하는 데 걸림돌이 된 적도 있었겠지만, 옳은 길을 가는 데는 디딤돌 역할을 충분히 하였을 것이다. 어떤 때는 어머니 고생시킨다고 아버지가 야속하고 미운 적도 많았다. 이제 아버지 가신 나이를 훌쩍 넘은 내 나이다. 태풍의 풍랑 속 같은 세월을 사셔야만 하셨던 우리 아버지, 살아온 날들에 대한 회한의 절규가 가슴 아리게 몰려온다.

― 「바탕」 중에서

　작가의 작은오라버니가 고등학교 시험에 낙방하여 의기소침해 있을 때 아버지가 격려했던 일화다. 다가가기 어려운 아버지의 그늘, 그 등 뒤에서 자식은 삶의 태도를 배우는 것이리라. 박봉의 철도공무원이셨던 아버지가 자상하거나 살갑지만은 않았을 것이다. 큰 절망을 마주한 아들을 다시 일으켜 세우는 아버지의 진면목을 보게 된다.

　어머니는 아버지를 15년여 먼저 보내 드렸다. 그 뒤로는 자손들의 궂은일 하나 겪지 않으시고, 84세의 짧지 않은 세월을 사시고 짚불 사그라지듯 그렇게 가셨다. 모든 후손이 지켜보는 가운데 눈을 감음으로써 우리 집의 큰 산은 조용히 내려앉았다.
　이제 곧 봄이 올 것이다. 나무에는 물이 오르고 새순들은 온 산천과 들녘에 온갖 향기를 흩뿌릴 것이다. 하지만 한번 내려앉은 우리 집의 큰 산, 어머니는 다시 솟아오를 줄 모른다. 부모도 형제도 함께할 수 없는 그 길을 홀연히 떠나신 그 세월이 어언 서른 번째 봄이다.

― 「산」 중에서

　작가는 변변한 신 하나 없이 먹거리를 찾아 산을 누벼야 했던 어머니를 무명 산악인(「신」 중에서)으로 묘사한다. 쌀이 넘쳐나고 신발장 문을 열면 어느 신을 신고 나갈지를 고민하는 오늘날의 삶 앞에서 작가는 옹이와 굳은살이 박혔던 어머니의 그 발에 딱 맞는 포근한 등산화 한 켤레 마련하여 천국으로 택배라도 보내고 싶다고 말한다.

궁핍한 시대를 살아내면서 자식을 우뚝하게 키워내야 했던 조부모 세대의 팍팍한 삶이 녹아 있는, 자전수필이 주를 이루는 이 수필집은 일제강점기와 6.25 등 민족의 수난과 격동의 세월을 증언하고 있다. 그러면서도 잘 사는 삶은 무엇인가라는 작가가 던지는 실존적 의미를 좇아가다 보면 마음 한편이 싸하면서도 후련해져 미소짓게 된다.

> 어미 새가 둥지를 만든다. 소소한 바람의 술렁임에도 새끼 품은 날개를 더욱 오그리고 연신 고개를 품 안으로 넣어 안을 살핀다. 자식들의 밥그릇 채우지 못하는 날이 혹여라도 올까 봐 걱정하지 않은 날 없으셨던 할아버지, 제대로 된 보금자리 틀지 못하고 모진 고생만 하시고 유명을 달리하신 것을 생각하면 가슴이 아리다. 그 노고의 덕이 오늘날 우리 아랫대가 존재할 수 있는 바탕이리라. 매년 늦가을 시제 때가 되면 30여 명의 후손이 모여서 조상 덕을 기린다.
> ―「둥지」 결미

조부의 삶이 곧 가족을 건사하는 어버이의 삶과 다르지 않다. 새가 만드는 둥지를 통하여 작가는 어버이의 삶을 담았다. 가족 향한 할머니의 헌신과 기도를 「시루」로, 자신은 망가져도 가족에게 든든한 역할의 희생을 마다 않으신 아버지를 「바탕」으로, 변변한 신도 없이 가족의 먹거리를 찾아 산을 누빈 어머니를 「산」으로 형상화한다. 오늘날 후대들이 누리는 영화가 그분들이 삶에 기울였던 힘들었음에 비례하고 있음에 주목하는 작가는 그 사실에 마냥 가슴 아파한다.

진眞은 세상을 어떻게 인식하느냐의 철학적 문제이다. 삶에서 무엇을 우위에 두느냐, 즉 삶을 바라보는 렌즈라 할 수 있겠다. 육안으로는 볼 수 없는 미세한 것은 현미경이나 확대경으로, 멀리 있는 것은 망원경으로 당겨보고, 또 장애물이 가로막혀 있을 때는 잠망경으로, 좀 더 자세히 편히 보기 위해서는 쌍안경을, 캄캄한 상황에서는 열적외선 렌즈를, 더러는 프리즘으로 세상을 살펴볼 수도 있을 것이다. 그때그때 변화되는 환경에서 어떤 렌즈로 세상을 읽느냐는 진리에 다가가는 지혜의 문제이다.

조부모님의 삶과 아버지 어머니의 삶이 오늘의 잣대로 보았을 때 분명 고생스럽다 아니할 수 없다. 삶은 그냥 버텨야 하는 숙명이었으리라. 작가는 자신이 놓인 삶에 지혜의 렌즈를 들이 대어 유정설법으로 읽어냄으로써 스스로의 등불로 삼는 자등명自燈明의 지혜를 발휘한다.

□ 선善

선善은 윤리적 실천의 영역이다. 진리는 어디에 있는가에 대해 얻은 인식을 얼마만큼 삶에서 실제로 실천하느냐의 의지와 결과이다.

자신이 처한 환경에서 영육간의 탈출을 도모하기 위해 그럴싸하게 포장된 자의적 진리가 세상에는 널려 있다. 진리는 정답만을 의미하는 것은 아니다. 정답은 오직 하나뿐이지만 인간 삶에서는 수많은 경우의 수가 상정되기에 지혜로 풀어가는 해법이 더 적절할 때가 있다. 더 이상 좋은 해법이 없을 때는 명답이 된다.

그의 삶에서 뿌리가 된 조부모의 삶에서 터득한 인식의 틀을 실제 삶 속에서 실천하는 일은 정답이라기보다는, 교과서가 가르쳐줄 수 없는 해법이자 명답의 과정이라 하겠다.

우리의 무속 신앙에서 집을 수호하는 신을 성주신, 또 다른 말로는 상량신上樑神이라고 한다. 마룻대는 성주신이 있을 자리이고 상량식은 성주신을 모시는 의식이다. 우리 집에서 지붕은 아버지셨다. 그리고 상량은 큰오빠, 기둥은 작은오빠였다. 어머니는 그 모두를 보듬는 집 자체였다.

〈…중략…〉

4년이 지났다. 오빠도 문경에 있는 학교로 발령이 났다. 이렇게 해서 우리는 교육자 집안이 되었다. 작은오빠는 우리 집의 기둥 역할을 굳건히 했다. 이웃으로부터는 우애 있는 집이라는 칭송을 자자하게 들었다. 우리 마을에서 제일 못사는 집 중의 하나였던 우리는 동네 사람들에게 부러움의 대상인 집으로 변해 있었다.

―「기둥」 중에서

입주과외를 하면서 어렵사리 대학을 졸업한 작은오빠가 교직 생활을 하던 중 입영통지서를 받았다. 훈련소에서 결핵균이 발견되어 귀향조치가 되어 교직에 복직하여 전화위복이 되었다. 맏이인 큰오빠를 대들보로 생각한 그는 형에게 대학 진학을 뒷바라지하여 마침내 형제가 교직에 몸담아 교육자 집안이 되었다. 형제간의 우애를 실천한 것이다.

작가는 친정은 상량이 튼튼하고 기둥이 굳건하여 언제나 마음이 든든하다고 한다. 오빠들을 금강송보다 튼실한 재목으로 여길 만하다.

황사가 심하다. 산은 뿌옇고 바람까지 일었다. 그래도 봄볕을 한껏 껴안은 나뭇잎은 한결 푸르렀다. 날씨는 장애가 되지 않았다. 4월도 끝자락이다. 주말에 큰오빠 수하 13명이 가창 농장에 모였다. 작은오빠네 식구도 5명이 왔다. 어머니의 피붙이 세 남매가 한자리에 뭉쳤다. 오빠들의 손자, 손녀들은 신이 났다. 어른 장화를 작은 발에 신고 괭이며 호미도 잡는다. 시멘트 바닥만 밟아보던 아이들이 흙을 밟으며 김을 매겠다고 야단들이다. 가창골이 떠들썩했다.

큰오빠는 1939년 기묘생이다. 평생을 분필하고만 친하게 지내셨다. 그 연세에 주중이면 혼자서 이곳에 들르신다. 산길로 30여 분 걸리는 수월찮은 거리다. 운동 삼아 간다고는 하지만 힘에 부치실 것이리라. 말이 좋아 농장이지 그냥 산이다. 은행나무, 밤나무, 엄나무, 옻나무, 돌배, 가죽, 두릅, 보리수 등등 몸에 좋다는 약식용 나무가 무수히 식재되어 있다. 봄이면 산에서 나는 야생초를 맛보게 하고 가을이면 열매 과일을 안겨준다.

—「울력」중에서

잡초 무성한 밭을 피붙이들이 모여 힘을 발휘하였다. 가꾸고 있는 식물과 잡초를 구분도 제대로 못하는, 옳은 농사꾼은 하나 없어도 식구들이 힘을 모으니 못 해낼 일이 없었다. 적지 않은 나이에도 손수 가꾼 야채와 과일을 동생네들에게 베푸는 일념으로 큰오빠는 기꺼이 농사를 짓는다. 천상의 부모가 내려다보신다면 흐뭇하게 미소 지으실 것이다.

두 형제분이 다니시던 안동권씨 중윤공파 돈목회 회전시사날 큰오빠를 대신하여 참례하고 쓴 글이다.

전통을 오늘날에도 지키는 일은 쉽지 않은 일이다. 더구나 가문과 가문이 예를 갖추어 교류하는 일이야말로 후세에도 변치 않을 귀감이리라.

참판공 권겸權謙 할아버지의 두 따님은 영천이씨 문중에 숙질 관계로 출가하게 된다. 두 분 중 아랫대가 농암 선생을 출생한다. 그 연을 잊지 않으시고 찾아주시니 고맙기 한량이 없다. 예禮를 갖춰 밤색 두루마기를 입으신 초로의 은발銀髮 신사는 양반의 면모를 더욱 돋보이게 했다. 가양주家釀酒인 '일엽편주一葉扁舟'라는 술을 가져오셔서 외가 조상들에게 잔을 올리셨다. 이어 제월당 권운, 권속 선조 산소까지 봉행 후 자리를 뜨셨다. 수백 년 세월이 흘렀다. 그 긴 시간을 잊지 않고 찾아온 외손이 직접 빚은 술을 흠향하시는 조상님은 얼마나 흐뭇하셨으랴.

―「회전시사會奠時祀」 중에서

□ 미美

미美는 아름다움의 진원지다. 진과 선의 합작 결과이다. 가장 아름다운 꽃, 사람꽃이 만발한 청아한 웃음과 행복이 넘치는 세상이다.

저자는 나이 일흔에 검정고시로 고등학교를 졸업하고 희수에 대학 4학년까지 마쳤다. 사회에 나아가 뜻을 펼치기에는 늦은 나이일지도 모른다. 그러나 배움이 주는 즐거움은 세상 무엇과도 바꿀 수 없는 소중한 일이 되었다. 배우고 익히는 것이 어떤 쓰임을 위해서가 아니라 깨달음의 연장선에서 즐기는 것이야말로 삶에서 큰 보람이리라.

    시부모님 내외분은 아들 셋에 딸 하나 네 남매를 두셨다. 그중 둘째가 형님이시다. 위로는 오빠를 받들고 아래 동생들을 보살폈다. 혼인은 여러 형제 중 막내며느리가 되셨다. 손위 동서들을 제쳐두고 시어른께 한복을 손수 지어 입혀드리고 조석으로 입에 맞는 반찬으로 끝까지 봉양하셨다. 그 어려운 가운데 삼 남매를 키우셨다. 시댁에서나 친정에서 형님의 위치는 모두를 아우르는 우뚝한 거목이시다.
    〈…중략…〉
    형님은 독실한 기독교 신자시다. 평생을 하나님에게 귀의한 삶을 사셨다. 한창 일할 나이에는 교회에서 맡은 임무가 막중했다. 그 자리가 무겁다 보니 부모님 기일이나 조카들 혼례 때도 참례 못 하는 수가 더러 있었다. 제사 때 참석하시는 경우에는 제관들 옆에 좌정하시고 엄숙하게 기도드리는 것으로 예를 다하셨다.

―「디딤돌」중에서

삶의 지향점을 부富에 두지 않으신 손위 시누이의 삶을 본받는다. 나눔과 베풂의 삶을 본받고 싶은 롤모델이기도 하다.
    본을 받고 염원을 세우는 일은 일종의 기도이다. 기도가 영험하다는 것은 실천이라는 대가에 따른 것이리라.

연습하여 부모가 되는 것은 아니다. 어느 날 부모가 되었고 서툴지만 일생을 통하여 가장 진정으로 행한 일이 자녀에게 기울인 사랑일 것이다. 자식이 하나나 열이나, 개개인이 받는 어버이의 사랑은 항용 부족함 없는 완벽에 가깝다. 젖비린내와 아기의 똥냄새마저도 어머니에게는 어떤 향수에도 비교가 될 수 없다.

녀석은 비위가 약했다. 젖을 자주 토해서 아이의 몸과 내 몸에는 젖 삭은 냄새가 늘 배어 있었다. 그 깊고 아득한 냄새에는 가슴을 적시는 알 수 없는 슬픔 같은 것이 스며들었다. 그 슬픔에는 한 생명의 부모 되는 인류의 바탕이 깔려 있음이랴. 옷자락에 흥건히 배어드는 젖내 똥오줌 섞인 냄새는 어미 되는 과정의 증표였다.

— 「서툰 어미」 중에서

세상을 인식하고[眞], 실천하는[善] 삶을 몸소 지켜본 자식들은 어버이의 은혜에 대해 어려서부터 마음에서 우러나오는 안갚음을 했다. 어린 초등학생 딸이 고사리손으로 생일 선물을 마련하였고 어른이 되어서도 옆을 보살피고 있다. 작가에게는 요즘 시대에 보기 드문 안받음의 효도다.

자전거 두 바퀴가 구른다. 아무리 달려도 뒷바퀴는 앞바퀴를 따라잡지 못한다. 페달에 발이 닿지 않는 아이는 프레임 사이로 다리를 넣고 온몸으로 용을 쓰며 발판을 밟는다. 조금 지나자 아예 서서 타기 시작했다.

한여름 태양은 갓 돋아난 배춧잎 같은 파룻파룻한 여린 여자아이의 몸에 쏟아졌다. 그래도 신이 났다. 신문 한 부를 뒤 짐받이에 끼우고 집으로 향한다.

〈…중략…〉

하는 일이 컴퓨터만 있으면 된다. 그래서 저거 집이 있는 서울에는 일 있을 때만 가끔 들르고, 시어른이 계시는 광주에서 두 달, 우리 부부가 사는 대구에서 두 달씩 번갈아 가며 산다. 가까이 있어야 한다며 괜찮다고 해도 막무가내다. 무언가 특별히 정성 들여 키우지도 않았건만 과분한 효를 받는다.

―「선물」 중에서

"동생은 억세게 운 좋은 녀석이야."

누나들이 하는 말이다. 대학도, 교통사고도, 직장까지 흔치 않은 운을 타고났다. 운도 노력 없이는 그냥 오지는 않을 것. 주어진 일에 최선을 다하고 지난날을 잘 견뎌온 삶의 흔적일 것이리라. 그저 큰 변고 없기를 바라며 조심스럽게 기도하는 마음으로 하루하루를 살아갈 뿐이다.

―「운빨」 중에서

작가는, "사회라는 마당에서 천둥, 번개, 비도 맞고, 손등이 틀 정도로 추위를 견뎌야 할 때도 있었지. 저녁노을을 바라보는 지금의 시간, 과거는 모두 반짝이는 별이야. 다 그립고 아름다"웠다(「아름다운 이 세상, 소풍 끝나는 날」 중에서)고 말한다.

물질 만능 시대, 모든 게 풍요로워졌지만 '나'만 있고 '우리'가 없어지는 세상이다. 할아버지의 한결같았던 그 정신을 되새기고 느슨해지는 삶을 다잡기 위해 작가는 가끔 상주 동학교당을 찾는다.

□ 나가는 말

죽림 권순이 사백은 할아버지를 비롯한 어른들로부터 삶에 대한 인식의 지평을 넓혔다. 자신을 희생하면서도 실천으로 조화를 이룬 삶, 진선미를 눈여겨보았다.

수필은 독자와 함께 세상을 읽고, 독자와 함께 사유를 펼쳐나가기에 독자는 자신이 작품구성에 직접 참여하는 것처럼 느끼게 된다. 이런 산문정신의 바탕 위에서 작가가 독자와의 교감을 이끌어냈다는 점에서 경하의 박수를 보낸다.

권순이 사백의 수필집 『용마루』는 삶의 진선미를 담아내고 있다. 세상을 읽고 받아들이는 철학적 인식의 진眞과 이를 당당하게 실천하는 윤리의 선善, 그리고 그 결과들로 조화를 이루는 아름다움의 터전, 미美의 'now and here'를 읽을 수 있다.

같은 환경, 같은 체험이라도 사람에 따라서는 인식 내용이 달라진다. 누가 가르쳐 주어서 인식의 세계가 넓어진다고는 말할 수 없다. 자문자답을 통해 견고해진 자등명自燈明으로 진리를 구한 〈뿌리〉와 형제들과 함께 상호 협력하고 실천하는 삶의 〈줄기〉, 그리고 진과 선의 조화로운 결실에서 오는 아름다움, now and here의 〈잎〉으로 나누어 수록하였다. 『용마루』는 현재진행형 자전수필의 진수를 보여준다.

 진을 씨실로 선을 날실로 교직한 삶이 어떤 아름다움으로 피어났을까. 미의 경지를 접하는 독자 또한 아름다운 화폭 속 하나의 풍경으로 자리하리라 생각한다.

 제2, 제3의 수필집에서 보여줄 또 다른 진선미의 세계에 기대를 걸면서 어쭙잖은 필을 거둔다.